Pour le meilleur et pour l'avenir

Rosalie van Breemen

Pour le meilleur et pour l'avenir

Récit

Flammarion

rosalievanbreemen.com

ISBN : 978-2-0812-2411-7

Avertissement

L'auteur tient d'emblée à préciser que ce texte, mêlant à la fois humour et amour, s'empare souvent de la réalité pour la détourner, la rendre plus ludique ou cocasse. Toute ressemblance avec des personnes existantes ou ayant existé – selon la formule consacrée – n'est donc que fortuite ou liée à un imaginaire tout romanesque.

Pour les deux amours de ma vie.

Prologue

Divorcer, c'est comme faire du vélo : il faut pratiquer souvent pour devenir un crack et gagner le Tour de France ! Ce qui est – hélas – mon cas. Reste que pour ne pas perdre les pédales dans un domaine aussi sensible et intime, mieux vaut ne pas essayer à tout prix de brûler les étapes, sous peine de perdre la victoire finale : remporter le grand prix, autrement dit obtenir un « bon » divorce, si tant est que cela existe !

*

Or, dans une période douloureuse comme une séparation, il est tentant d'en faire trop, de hurler, de se venger. Une attitude qui ne rapporte rien ; la seule chose à gagner étant de devenir une femme divorcée, certes, mais en plus amère et sans moyens. L'horreur ! Il ne sert à rien de crever les pneus de la voiture de votre futur ex-chéri si vous découvrez qu'il a découché et qu'il a quelqu'un d'autre dans sa vie. Ça ne sert à rien non plus de découper les manches de ses costumes en vous apercevant qu'il dirige un harem entier de conquêtes. Ne vous fatiguez pas à saccager son bureau en constatant que tout Paris est au courant mais vous *the last to know*. Un conseil de base : n'agissez jamais ainsi ! Pourquoi ? Premièrement, parce qu'il est normal que vous soyez la dernière à être au courant, c'est la coutume ! Vous êtes son épouse/compagne et non sa maîtresse. Or, elle, par définition, est la première au courant. Deuxièmement, vous devez songer à l'après-divorce et au fait de pouvoir encore acheter des... pneus neufs pour votre voiture après la séparation. Voyez-vous, dans la vie, il faut penser à tout, histoire de ne pas se faire b... deux fois. Et songer au lendemain quand vous roulez dans la Mini de vos rêves munie de jolies jantes en alliage. Divorcée, OK, mais avec style !

En fait, si vous pétiez un câble sur le moment – c'est sûr, ça fait du bien (oh oui...) –, vous risqueriez de perdre beaucoup et de vous retrouver sans rien ou, au mieux, avec pas grand-chose. Restez donc classe, canalisez votre rage dans le sport, le travail, les enfants, voire en prenant un amant – dans ce cas-là, soyez quand même extrêmement prudente ! Une séparation est une histoire d'état de dame, pas une histoire d'état d'âme, soyez donc digne. Pensez toujours que votre futur ex-mari est un homme merveilleux : il l'était pour vous au départ, il le demeure aux yeux de sa maîtresse, de sa famille, de ses copains, de ses collègues du bureau. N'est-ce pas lui, la huitième merveille du monde ? *Beauty is in the eye of the beholder*. Or vous avez grand intérêt à préserver cette image, même si, à la maison, vous avez appris à supporter ses défauts. Car ses travers, comme vous seule vous les connaissez, sont des informations valant de l'or. Garder le mythe intact !

*

Divorcer étant un travail de longue haleine, il faut être capable d'encaisser des coups... pour mieux encaisser ensuite. Il faut faire preuve de beaucoup de sang-froid, quelques fois avaler des couleuvres pour mieux lui faire passer le boa lorsque vous serez chez le juge.

Une séparation se prépare donc comme une compétition, un championnat. Il ne faut pas seulement chercher à remporter une bataille, mais mettre tous les atouts dans son jeu pour gagner la guerre. Je vous parais cynique ? À vrai dire, je suis surtout blessée et lucide. Aussi, comme il est chiant et pénible de divorcer – c'est la seconde fois pour moi –, j'ai voulu, avec ce livre, faire profiter chaque femme de mes expériences. Partager mes erreurs, mes peines, ma douleur, le tout enrobé de beaucoup d'humour, parce que lui seul nous sauve des larmes. Leur faire comprendre que rien n'est forcément perdu, qu'il existe une vie *après*, que si un mariage vire peut-être à l'échec, un divorce, lui, peut se transformer en réussite. Que, bien géré, l'adage « pour le meilleur et pour le pire » peut aussi se transformer en « pour le meilleur et pour l'avenir ».

QUAND LA BELLE HISTOIRE BASCULE

1

À la base, je suis une gentille. Pas le genre à fouiller les poches de son chéri dès qu'il rentre, à penser qu'il raconte des salades lorsqu'il parle d'un voyage d'affaires, d'un dîner de business... Donc, si ma meilleure moitié me dit qu'elle est fatiguée, je la crois sur parole. Mieux, je lui porte une tisane au lit lorsqu'elle se couche à neuf heures et quart du soir. Quand j'aime, j'aime à fond. Et puisque quand on aime, on ne compte pas, je regarde encore moins l'heure.

Même faire de moins en moins l'amour ne m'inquiète pas. Ni passer cent cinquante fois en nuisette La Perla, et tout à fait par hasard bien sûr, à côté du lit tandis que Monsieur zappe à tout va sans réagir. Étant toujours bien épilée sous les aisselles – et le maillot aussi d'ailleurs –, ne pensant pas une seconde ne plus être assez désirable – j'ai toujours la fesse pimpante, que diable ! –, je crois simplement avoir épousé un *work-alcoholic* harassé. Point. J'en plaisantais même parfois avec Lisa, ma meilleure amie : « Impossible qu'il ait une maîtresse, lui disais-je, il est tellement fatigué qu'il ne pourrait jamais assurer. » Pour être franche, à l'époque, je me trouvais même méchante et honteuse d'avoir ce genre de pensées !

À l'époque ! Quand un homme qui ne bosse pas dans le bâtiment file directement sous la douche en rentrant du boulot, puis se couche illico, toute femme avertie doit se méfier. Ne pas hésiter à se dire que la fin est arrivée, donc qu'il importe de penser à l'avenir. Et ne pas oublier qu'il ne faut jamais se fier aux apparences. Car votre chéri est fatigué, mais pas du boulot. Pire, si vous trouvez des cheveux blonds sur sa veste, ça ne signifie pas forcément qu'il a *une* maîtresse aux cheveux blonds. Il peut en effet fréquenter aussi une brune, mais, l'après-midi, avoir vu la blonde en dernier !

Pour autant, ne vous arrêtez pas à ce genre de détails : encore une fois, les apparences peuvent être trompeuses, même si vos doutes grandissent. Gardez votre calme et votre sang-froid. Continuez à vous épiler le maillot, les aisselles, et mettez votre La Perla tous les soirs. Au besoin, achetez d'autres déshabillés. Non dans le but final de le reconquérir – quelle pensée idiote ! – mais afin de créer des images et de jolis souvenirs pour lui, le jour où il vous verra sortir définitivement de sa vie.

En un mot, soyez *style* et restez *gorgeous* jusqu'au bout. Évitez surtout le look épave : vous étiez la femme de sa vie, restez-le ! Vous ne voudriez quand même pas qu'il pense à vous uniquement comme à une poubelle en survêtement avec de grosses touffes sous les bras ! Ne lui accordez jamais ce plaisir : il aurait trop l'impression de n'avoir rien perdu. Or c'est vous qui n'avez rien perdu, mieux : tout à y gagner !

2

Même quand vous avez des doutes, il ne fait vraiment pas plaisir de découvrir son homme en galante compagnie dans un magazine à scandales. Qui plus est faisant le coq (sportif, certes) à la tribune d'honneur d'un stade avec une copine à ses côtés. D'abord parce qu'on « visualise l'autre », qu'on croit découvrir des choses. Ensuite, parce qu'on pense que Monsieur s'amuse alors que, soi-même, on se retrouve seule.

Parce que si, à mon tour, j'avais été prise au téléobjectif en pleine action au bois de Boulogne avec mon meilleur ami, filmée à travers les ronces tandis que mon futur ex faisait le beau avec une belle, on aurait été surpris en constatant l'identité de mon compagnon. Mais ne dévoilons pas tout d'un coup. Passons à l'*autre*, celle avec laquelle il parade et fait le paon.

*

Bon, elle doit sûrement avoir des qualités extraordinaires... qui n'apparaissent pas au premier abord sur une photo. Elle est peut-être douée pour entretenir les géraniums, faire la cuisine, voire meilleure au lit que moi. Chose qui, cependant, m'étonnerait fort. Ah, je sais, peut-être vient-elle d'être nominée pour le prix Nobel de physique (ça ne se voit pas sur une simple photo, vous savez). *Whatever.*

*

Heureusement, de mon côté, j'avais un look d'enfer en me promenant au bois – vanité toujours, et réputation à maintenir : on ne sait jamais qui l'on peut rencontrer. J'étais une future femme divorcée, abandonnée, mais pas désespérée ; la dépression, si elle vient, j'y plongerai après la séparation. Pourquoi ? Parce que votre future meilleure moitié n'a sûrement pas envie d'un saule pleureur comme nouvelle épouse. Pour les mêmes motifs, il est essentiel de ne pas rester cloîtrée chez soi, de faire ses courses la tête haute et le dos droit tout en demeurant bien fringuée. Pleurer ? Oui, on a le droit, mais uniquement à la maison et à certaines heures. Et encore, mieux vaut éviter car ça donne des rides et donc moins de chances de trouver un nouvel homme ! En revanche, faire des grandes promenades au bois pour évacuer la frustration d'un mariage en train de prendre l'eau est excellent pour la ligne. Qui plus est en compagnie du seul être vivant de sexe masculin que j'embrasse encore sur le nez en ces jours difficiles : Hachiko, mon fidèle chien !

*

Divorcer une première fois n'est pas drôle. La seconde, ça l'est encore moins. Et, allez savoir pourquoi, j'aime encore moins le sport qu'avant.

3

Toute seule à l'Opéra-Bastille. Inondée par les ions musicaux, lavée par Wagner, heureuse et malheureuse. Catharsis totale. Belle dehors et moche dedans. Je suis apparemment la seule à être seule dans cette salle comble. Donc je fais tache. Au fil des jours, je le vois bien, je ne fais plus partie des priorités de mon mari. Ça fait un petit moment d'ailleurs puisqu'il est partout sauf avec moi, et que moi je continue à entretenir les géraniums et à faire des tartes aux pommes comme si de rien n'était. En femme parfaite, jusqu'au bout des ongles et de l'arrosoir, je vais à l'opéra pour nourrir un peu mon pathos. Pour ne pas réfléchir pendant six heures. Pour me laisser envahir par la musique plutôt que d'être submergée par les sentiments.

*

Parsifal. Le manque de nous. Constater que le couple n'existe plus. J'aime donc je suis, et j'ai cessé d'être. Car il est terrible de ne plus se sentir aimée. Ici, au milieu de tous ces gens, j'ai le sentiment d'être à poil. Même mon alliance ne m'habille plus alors que j'ai décidé de la porter jusqu'au moment où le divorce sera officiellement prononcé. Car, d'instinct, je devine qu'on en arrivera obligatoirement là. D'autres trépigneraient, se battraient ; je ne m'y résous pas. Lutter contre l'inéluctable revient à se tromper de combat. Quel merdier de divorcer : les avocats, les papiers, continuer à vivre sous le même toit. On ne s'aime plus, mais on ne se déteste pas encore assez pour partir avec ses valises sous le bras. Et puis, il faut bien quelqu'un pour arroser les plantes puisque mon mari ne le fait plus, lui qui part en week-end sans moi. Moi, la fidèle jusqu'au-boutiste, presque sectaire, folle, comme Kundry, qui ne désaime pas si facilement, j'accomplis donc ces tâches-là. Mécaniquement. Scrupuleusement. Est-ce parce que j'ai découvert qu'aimer ne suffit pas dans une relation, que dire « je t'aime » en pensant que le tour est joué, c'est du pipeau ? Peut-être. En tout cas, le conte de fées n'existe plus. Je suis toujours la fée bien sûr, mais sans belle histoire autour ; c'est moche. Le conte de fées n'existe plus, mon âme a froid et j'ai des ailes de plomb. Je suis une fée sans GPS alourdie d'une douleur terrible qui me plonge parfois dans des moments de grand et profond désespoir. Avec l'envie de me jeter par la fenêtre. Ce qui serait ridicule dans la mesure où j'habite au premier : au pire, je me casserai une jambe ; moi qui n'aime pas faire les choses à moitié... Or ce serait trop la *loose* d'arriver chez le juge avec des béquilles et un plâtre dont la couleur jurerait avec ma robe Missoni ! Et puis, ne suis-je pas une femme forte, indestructible ?

*

Personne à qui parler dans le public à l'entracte. Honte de l'échec, se sentir coupable de ne pas avoir réussi son couple. Encore une fois. Être presque plus accablée par l'échec que par le reste. Par l'idée de passer pour une incapable de l'amour. Pour une femme pas assez belle, intelligente, sexy et aimante pour retenir son homme. La honte. Une paria. Entrer dans la caste des futures divorcées, des *ex-wife*. EX, quel mot à la con.

Je continue cependant à faire semblant, prenant sans rechigner une petite coupe de champagne, me montrant aux autres, dans cet opéra bondé, rayonnante, épanouie, affichant sur sa mine le visage attristé de l'épouse laissant croire que son pauvre chéri a été retenu au dernier moment à Hong Kong, donc qu'elle est *last minute solo here*. Air international, regard marié, je dois la jouer cool ici, genre « je kiffe grave ma soirée ». Micux, je le tiens au courant par sms du génie du chef d'orchestre, de ce qu'il est en train de rater. Si ça continue, je recevrai bientôt l'oscar de la meilleure actrice ; j'espère seulement que l'on ne peut pas voir, au fond de mes yeux, qu'il est parti en week-end je ne sais où avec je ne sais qui. Que personne ne comprend que je sais une chose que personne ne sait, hormis lui et elle... Putain de solitude ! À bien y réfléchir, je suis en train d'écrire la nécrologie de mon couple un verre à la main.

*

J'ai hâte que sonne la fin de l'entracte, que Wagner m'achève un peu plus dans le noir. Que je puisse me laisser enterrer par la musique divine, posséder par l'étendue des voix, et garder intacte mon image et mon visage souriants jusqu'au tomber de rideau et au retour en taxi. Kundry est morte, mon couple aussi.

Il pleut des cordes, le taxi pue, la totale. Tous ces sms d'amour que je ne lis plus. Tous ces appels que je ne reçois plus. À moi de m'y habituer. De réaliser que quelqu'un d'autre les recevra sûrement à ma place. La veinarde.

Blessée, je rentre à la maison – la nôtre –, pour lécher mes plaies en secret. Demain je n'arroserai pas les géraniums... Il pleut.

4

« Écoute... » Voilà la phrase qui annonce la bonne nouvelle.

« Écoute, Rosalie, il faut... qu'on parle... »

*

D'emblée, qu'on vous appelle par votre prénom et pas « chérie », c'est mauvais signe. Ça sent le *before*. À croire que les hommes d'aujourd'hui sont devenus ce que les femmes étaient hier. J'entends en effet encore ma mère dire la même chose à mon père quand il rentrait à trois heures du matin et qu'elle l'attendait les bras croisés dans le salon.

*

« Écoute, Rosalie, je pense que notre couple n'a plus aucun avenir. »

La sentence vient de tomber. Je me doutais de

tout depuis des semaines, j'avais senti les hésitations, les non-dits, les faux prétextes, l'absence, l'indifférence. Mais dit brutalement, de vive voix, le verdict n'a pas le même impact.

Ce n'est en tout cas pas le genre de chose que l'on a envie d'entendre. Encore moins après avoir passé trois heures dans la cuisine à préparer un délicieux dîner, allumé des bougies, s'être bien fringuée, avoir brushé ses cheveux, la femme parfaite quoi ! Pourtant, étrangement, je tiens le choc. J'ai longtemps craint cette phrase, fait des cauchemars tellement j'avais peur qu'on me quitte. Il fut même un temps plus lointain encore où, quand quelqu'un la prononçait, je plongeais dans une profonde déprime et ma vie n'avait plus aucun sens. « Vivre sans lui, impossible, je vais mourir ! », pensais-je. Et de gémir : « Non, chéri, je ferai tout pour que tu restes, pour que je puisse continuer à faire partie de ta vie. » Par peur d'être abandonnée, je pouvais m'abaisser ainsi.

Mais, ça, c'était avant... Depuis, j'ai eu droit à deux grandes séparations.

*

La première fois – c'était aussi lors d'un repas, quelle originalité, les hommes ! –, j'ai posé ma fourchette et je n'ai plus rien avalé de la semaine tellement je vivais ce propos comme le coup de poignard final...

Depuis, je suis devenue plus zen. Peut-être parce que je sais d'avance ce qui va suivre.

Si « Écoute... » signifie le début de la fin, un bon conseil : restez calme. Attendez le bon moment pour parler, écoutez-le vous dire :

1. Qu'il est malheureux ;
2. Qu'il ne sait pas comment vous en êtes arrivés là ;
3. Qu'il a tout fait pour que ça marche mais...
4. ... qu'il n'y arrive plus ;
5. (Très important), que vous êtes ce qu'il a de plus cher au monde, qu'il n'y a personne d'autre dans sa vie parce que si c'était le cas il serait parti depuis longtemps...

Alerte, cette dernière option signifie justement qu'il a quelqu'un. Et s'il insiste, jure sur tout ce qui bouge, méfiez-vous plus encore. Observez-le fuir votre regard. Regardez son annulaire et constatez qu'il ne porte plus son alliance. Ça vous mettra en rage, mais demeurez calme, ne vous énervez pas, ne gâchez ni votre brushing ni votre repas digne d'une étoile au *Michelin*. Laissez-le s'expliquer, s'enferrer jusqu'au bout, constatez combien la scène est clichée, triste mais drôle à la fois. Et anticipez que, plus tard, avec du recul, une fois les larmes séchées, vous pourrez en rire avec vos copines !

*

La suite survient toujours trop vite : « Il vaut mieux qu'on se quitte. »

Mais en recevant la massue sur la tête, restez de marbre. Ne dites toujours rien, laissez-le venir encore un peu, histoire de le laisser penser que vous allez vous jeter à ses pieds comme une malheureuse pour le supplier de ne jamais vous abandonner et lui clamer qu'il est l'homme de votre vie.

Et quand il a vraiment fini de parler, qu'il en arrive au mode « larmes de crocodile », prenez sa main et dites ce que j'ai osé lui avouer : « Très bien, chéri, tu peux me passer les haricots verts maintenant, s'il te plaît ? »

Profitez du repas, mangez bien – vous aurez besoin de toutes vos forces. Goûtez le bonheur – furtif mais réconfortant – de le voir désarçonné, sans réaction. Personnellement, j'ai même pris encore un peu de fromage et débouché une bonne bouteille Henri-Giraud. La fin, c'est un début, et ça se fête !

Tchin-tchin.

5

En vérité, je vais plutôt bien pour quelqu'un en pleine phase suicidaire...

*

Autrefois, il disait que j'étais son rêve ; il s'avère que je dois être aujourd'hui son pire cauchemar. Et je suis seule ce soir encore, abandonnée. Quant aux raisons qui le poussent à tirer un trait sur nous, je ne les connais pas, et je n'aimerais pas les entendre non plus. Pas la peine de souffrir inutilement. Inutile de se poser des questions dont les réponses risqueraient de ne pas nous plaire. Inconvénient de cette méthode : j'imagine des choses et j'échafaude ce que doit être le déroulement de sa journée. À m'en rendre malade !

*

J'imagine le premier coup de fil qu'il a passé de sa voiture, alors qu'il vient de me laisser à 8 heures du mat' devant la porte de la maison, à moitié à poil, les cheveux défaits, femme fidèle et sotte qui le regarde s'éloigner jusqu'au coin de la rue parce qu'elle croit que son regard le protège du mal qui pourrait lui arriver dans la journée.

J'imagine... et je sais que ce n'est pas que chez moi que ça a sonné.

J'imagine le sms qu'il a dû recevoir juste avant de monter dans l'ascenseur qui le mène à son bureau. Un texto qui n'est pas le mien. Je sais qu'une fois dans la cage il est fébrile parce qu'il n'y a plus de réseau et qu'il ne peut pas répondre immédiatement.

*

J'imagine qu'il travaille dur toute la matinée, puisque mon homme est un bosseur, et que je l'aime pour ça aussi. Mais je sais qu'il travaille d'arrache-pied essentiellement pour ne pas être en retard à son déjeuner. Or ce n'est pas avec moi qu'il dégustera son plat fétiche, ni même avec un de ses clients ; non, il emmènera l'*autre* forcément dans un de nos restaurants préférés, là où nous avons nos habitudes, où on nous appelle « Madame et Monsieur », parce que, comme beaucoup d'hommes, il n'a aucune imagination. Cette fois, on leur donnera du « Monsieur et

Mademoiselle » et je sens d'avance la commande ; quelque chose avec des Saint-Jacques, de léger puisque quand on est amoureux on n'a pas faim. Avec du vin blanc sec pour elle – je vois très bien le genre – et, en dessert, un fondant au chocolat, avec deux cuillères. Plus deux cafés serrés pour accompagner l'adrénaline qui monte.

J'imagine qu'ils se quittent sur le trottoir comme s'ils étaient de simples connaissances... ou des gens qui travaillent ensemble et qui s'en foutent un peu.

J'imagine qu'il retourne ensuite au bureau et lui téléphone à nouveau pour savoir si elle est bien arrivée et lui dire combien elle lui manque déjà et combien il est heureux d'avoir trouvé quelqu'un qui lui a redonné le sourire tous les matins au réveil. Et ça, je le sais, puisque je l'entends fredonner le matin sous la douche. Je ne peux pas m'empêcher d'être heureuse pour lui... puisque je l'aime, mon homme.

*

Je le vois ensuite, en fin de journée, enfiler sa veste en sortant de son bureau après une dure journée de travail, pressé de rentrer. Mais pas chez nous. Non, il va dans un palace quelconque. Et là, une larme à l'œil, j'imagine très bien le regard du voiturier de l'hôtel quand il lui confie les clés de sa limousine. Et plus encore son regard à lui, qui pétille. Car je le connais, mon homme !

Un verre, deux verres, des éclats de rire au bar, et Dieu sait quoi encore. Moi, en revanche, je ne rigole pas, je l'attends. Et quand il rentrera, je ferai semblant de dormir profondément, craignant juste qu'il entende mon cœur battre si fort dans ma poitrine. Je dormirai, par pudeur, ne voulant pas gâcher son plaisir. Pourquoi ? Parce que je l'aime, mon homme.

Une des plus belles histoires de ma vie s'est transformée en cauchemar, mais je persiste à vouloir faire celle qui ne voit pas, qui refuse de se séparer de ses lunettes roses, la nuit comme le jour. Parce qu'il est toujours mon prince et que les princes ne font pas ces choses-là... noblesse oblige.

6

Au pied de mon lit, c'est un champ de bataille. Pas à cause d'une nuit d'extase – ni string déchiré qui pendouille sur l'abat-jour, ni draps sens dessus dessous – mais en raison du monticule de livres *self help* dans lesquels je mets le nez pour essayer de comprendre ce qui m'arrive. *Comment réussir votre vie*, *Be successful, sois heureux !*, *C'est votre vie* et *Comment réussir votre couple*, crient les couvertures étalées au sol. L'œuvre intégrale de Osho, Deepak Chopra, Krisnamurti et Eckhart Tolle, entre autres. Si même une experte de mon acabit – qui a en effet quelques heures de vol – se révèle une incapable totale sur les choses de l'amour, mieux vaut, dans ce genre de situation, se faire aider. Nul besoin d'herbe ou d'alcool, non, avec ces *self help books*, véritables béquilles de l'esprit boiteux.

*

Toujours en quête de paix intérieure, genre méditation, développement personnel, succès dans les affaires et les relations amoureuses, j'avale goulûment depuis toujours ce genre de bouquins. Résultat, j'ai une bibliothèque archi-pleine, un porte-monnaie presque vide, et même pas un mariage heureux.

J'avais acheté, voilà des années, *Le Chemin vers l'amour* de Deepak Chopra. Alors que j'étais encore avec le père de mes enfants, l'étrange pressentiment que la fin de notre histoire arriverait si je le lisais m'avait sauté à la figure. Après avoir tergiversé un mois, je m'étais plongée dans le livre. Et, une fois chaque chapitre dévoré, je m'étais étonnée de voir combien il paraissait facile d'avoir une relation amoureuse réussie. Hélas, dans cet abécédaire de l'union idéale, nos lettres à nous sonnaient faux. Car, malheureusement, cet ouvrage ne parlait en rien des gens qui débarrassent la table à très grande vitesse, genre vaisselle volante ! Un détail, certes.

Et pour cause, Deepak part d'une situation idéale où les deux partenaires d'un couple sont égaux, qu'ils savent s'écouter l'un l'autre et ne jouent pas *Survival of the Fittest*.

Autre problème de ces bouquins : partir du principe que votre moitié les lit aussi et même participe aux exercices prescrits par le gourou. Une erreur grossière : les hommes détestent cette littérature-là. Ma première relation était d'une grande qualité, de manière un peu unilatérale, d'accord, tant à deux tout se compliquait dans la mesure où mon homme de ce temps ne s'intéressait pas à ce genre de livre. Comme mon second mari du reste. Mais bon, peut-être était-ce normal puisqu'il s'agissait d'hommes parfaits.

Bref, peu après cette lecture, je suis partie. Et uniquement parce que Deepak Chopra n'avait pas pensé à décrire un chapitre sur le couple et la vaisselle volante ! Reste qu'au fil des années, j'ai toujours les mêmes bouquins à côté de mon lit. Alors que les hommes, en revanche, eux, je les change !

7

Mon homme ne me parle plus beaucoup, est rarement là et plus rien ne lui va. Tout ce qui le séduisait au départ est désormais source de conflit. Ce qu'il adorait, il ne le supporte plus maintenant. À croire que je suis devenue détestable ou moche. C'est grave.

*

Pourtant, je suis toujours la même. Je travaille toujours, j'écoute toujours le même genre de musique, ma peau est toujours aussi douce. Rose n'est pas flétrie du tout. Mais ne plus être regardée, voilà qui fait mal. Alors que d'habitude je suis légère, je me sens lourde quand je le vois quitter la table avant même que j'aie fini une histoire et encore moins mon assiette. Parler à un dos, c'est anti-sexe, carrément frustrant. Et, en plus, extrêmement mauvais pour la digestion !

*

Nous sommes un couple en phase terminale, et les sourires que l'on s'envoie par politesse de temps en temps juste des soins palliatifs. La fin est imminente, l'échec de notre union inexorable.

Je suis toujours Rosalie, mais après ces quelques années de mariage, une Rosalie réduite, sans majuscule ni point d'exclamation à la fin. « Rosalie Personne, enchantée. » Presque inexistante. J'ai essayé de m'effacer pour éviter les conflits dans mon couple, n'osant plus être moi, me gommant complètement. Ce fut une erreur fondamentale. Résultat, aujourd'hui, je me cache dans ma salle de bains, avec ma musique, mon téléphone portable et mes joints. Pour disparaître derrière un rideau de fumée d'herbe et la vapeur de l'eau chaude.

Il faut dire que, depuis longtemps, comme je ne me sentais plus portée, j'ai perdu pied. Avec pour conséquence une double entorse. On prétend que, quand une relation devient malsaine, il faut partir sous peine de tomber malade. Ma relation étant boiteuse, je me suis effectivement pété les tendons. C'est mieux qu'une tumeur au cerveau, donc je ne m'en sors pas si mal, mais quand même : quel signe ! Celui d'un déséquilibre total. Qui m'a jeté à terre, achevée, moi la grande sportive qui faisait encore son footing le jour de son accouchement. Rosy Balboa s'étale. Et elle va devoir réapprendre à marcher tous les jours sur un tapis, avec une attelle. En ayant mal, en ayant l'impression de ne pas avancer, de faire du surplace, comme dans son couple.

*

Un cochon d'Inde dans une roue... Je dois réapprendre à avancer, moi qui courais trente kilomètres par semaine. Réaliser qu'il suffit de mettre un pied devant l'autre pour avancer. Au propre comme au figuré. S'en vouloir et lui en vouloir. Se sentir terriblement seule.

Mais aussi ne jamais se plaindre, ne pleurer qu'en cachette. Genre « on ne m'aura pas ». Avoir mal aux chevilles et se concentrer sur cette douleur pour ne pas sentir le cœur qui saigne.

Voir qu'il est malheureux, lui aussi. De ne pas savoir faire, ni refaire, et encore moins défaire.

Se fixer des buts, avoir des objectifs : décider de s'en sortir, et de sortir d'ici, de cette merde sans nom.

Se préparer pour le divorce comme on se prépare pour les Jeux olympiques. Penser : « Je vais être championne, décrocher la médaille d'or de *happily divorced...* » Parce que c'est juste une question de kilomètres supplémentaires à parcourir.

8

J'ai la rage. C'est pour ça que je cours. Des kilomètres. Mes Nike commencent à être vachement niquées, depuis que c'est le début de la fin. C'est beau, le mot « Nike », *nikè* en grec ancien. Début ou victoire. Un signe. Peut-être de rien, mais quand même une bouée de sauvetage en plein milieu de la mer démontée que je traverse. Rééducation pour courir, courir pour expulser ma colère. Être dure avec soi-même, imperméabiliser sa carapace, se sentir capable, avoir l'impression d'y arriver. Lutter. Pour traverser sans trop de dommages une période de merde.

*

Rager de savoir que ton Jules est partout, sauf au bureau. Rager de l'imaginer dans d'autres bras. Avoir envie de se laver les mains cent cinquante fois par jour. Craindre d'attraper des microbes. Se sentir salie.

Rêver de crever les pneus de sa bagnole le soir quand il finit par rentrer. Anticiper le plaisir de transpercer le caoutchouc de ses Goodyear avec mon plus beau couteau de cuisine. *Goodyear meets Solingen.* Je sens déjà le gravillon de la cour sous mes genoux et je me vois faire le geste sous la lumière des spots du garage. Prendre le temps et faire durer le plaisir. Mais je ne le ferai pas. C'est trop facile. Et pas très esthétique.

Or l'esthétisme est essentiel pour moi qui aimerais terminer cette histoire en beauté.

Mon couple n'est plus un conte de fées, mais une histoire banale maintenant, une sorte de papier-calque d'autres couples meurtris. Alors je connais des poussées d'adrénaline quand je l'imagine faire ce que je crains depuis des mois. Palpitations. Le cœur à deux cent trente la minute, les oreilles qui sifflent, une poussée de tension terrible. Je ne souhaite ces tourments à personne.

Car il faut se retenir, penser à ce que la vengeance peut susciter comme dégâts ; dans trois minutes, dans trois semaines, dans trois mois. Alors, non, je ne planterai pas mon beau couteau dans ses pneus, acte qui déclencherait un cercle vicieux. Une femme folle, un mari triste, choqué par cette folie, que le besoin de réconfort pousserait à se faire consoler par l'autre à nouveau. Et la preuve, pour ses avocats, que je suis ingérable. Non, je ne leur accorderai pas ce plaisir. Désormais je ne dois plus être dans la réaction, mais dans l'action.

*

Alors j'enfile mes chaussures de course encore une fois. Je serre fort mes lacets ; double nœud. Le tapis de course est mon arène depuis des semaines. Je vais avoir des jambes de rêve. Divorcer, OK, mais en beauté, avec de jolies gambettes. Chaque kilomètre parcouru sur le tapis est un pas vers la sortie de secours. EXIT.

Tout simplement avoir l'impression d'avancer. Courir une heure d'affilée, les premiers kilomètres en hurlant d'abord – de douleur, le cœur arraché, un seul mantra sur les lèvres, la musique à fond : « Je le hais, je le hais. » Et ensuite, en rigolant. À cause des endorphines qui se libèrent dans mon corps et parce que l'histoire me semble ridicule et *cheap* avec le recul.

S'il s'agissait de quelqu'un d'autre, je serais morte de rire. Vaudeville. Que c'est drôle.

En nage au bout de dix kilomètres, je me demande pourquoi ne pas en faire quinze de plus. Pour être parfaitement calme au moment où il rentrera, les traits reposés, l'air serein. L'air juste...

L'eau ruisselle sur mon corps. Essuyer les gouttes de sueur de mon menton avec le dos de la main, comme d'autres évacueraient les larmes de leurs joues. De toute façon, tout disparaîtra sous la douche, comme si de rien n'était. *Big girls don't cry* : les grandes filles ne pleurent pas.

9

J'ai un *bad hair*, *today*. Or je suis convaincue que, quand je frise, mon couple va mal. *Miss Superstitious here*. Afin d'améliorer les choses, je me fais lisser les cheveux régulièrement et ne sors jamais sans capuche. Et là, je ressemble à Donna Summer dans les années quatre-vingt par temps humide ! Le cauchemar. C'est sans doute à cause de mes déboires capillaires qu'on s'est engueulés hier !

Enfin, que je *me* suis fait engueuler. À cause d'une ampoule grillée au plafond. Comme ma moitié m'a déclaré la guerre et que je ne suis pas la parfaite ménagère de moins de cinquante ans, me voilà pénalisée. Apparemment, mon mariage dépend uniquement de Philips, fabriquant responsable de « *Let's make things better* » et qui m'amène direct au divorce ! Mais, quand ça hurle, je ne réponds pas. Je pars du principe que, lorsqu'il en aura marre de crier, il s'arrêtera tout seul. En fait, je pense que Monsieur a décidé de passer ses nerfs sur moi. Peut-être que, chez sa « copine », il n'y a pas de problèmes électriques. Ou qu'ils font l'amour dans le noir, bonne idée pour la libido ! Comme moi je laisse tout allumé quand je fais l'amour et que, chez moi, quelques ampoules sont cassées, c'est sans doute pour cela qu'on ne baise plus depuis un bon moment !

*

Il ne va pas m'adresser la parole pendant plusieurs jours, c'est sûr. Et, en partant au bureau, j'aurai droit à une bise au bord des lèvres, un bisou pétard mouillé qu'on n'accorderait même pas à sa belle-mère.

*

Mon mari est un mur. Il ne sert donc strictement à rien de s'énerver. Ni de changer l'ampoule d'ailleurs. Car demain il dénichera forcément autre chose qui n'ira pas dans la maison. Quand on cherche, on trouve toujours. Et comme j'ai largement passé l'âge de recevoir des bons points... une des raisons qui m'a poussée à quitter les bancs de l'école au plus vite. Je n'ai aucune envie de passer le bac tous les jours dans cette putain-de-vie-de-couple-de-merde. Qui plus est en sachant que j'aurais beau bosser comme une dingue, je récolterai toujours un C moins.

Pour le meilleur et pour l'avenir

« Pourquoi avez-vous divorcé ? », me demandera-t-on un jour. « À cause d'une ampoule grillée », sera ma réponse. Et demain je retourne chez Henry me faire faire un *brush*. Future divorcée, OK, mais bien brushée. Il est temps de changer de mari, pas d'ampoule.

10

Je ne suis pas une *call*. Enfin une call-girl ! Je ne l'ai jamais été d'ailleurs. Ni avec lui ni avec personne. Pas le genre, Rosalie, à être disponible quand il veut, type sexe à la demande. Il n'a rien compris, mon coco, à ce que je suis et à celle que j'ai toujours été. Nous ne sommes pas sur les mêmes longueurs d'onde, celles du « Être belle et sexy et drôle quand il a le temps ». Encore moins celle qu'il appelle entre deux rendez-vous parce qu'il s'emmerde dans les bouchons. Alors, désormais, je ne réponds plus. Je laisse sonner dans le vide et fais comme si je n'étais pas là.

*

De toute façon, je n'existe pas, sauf quand il le désire. Quand il lui faut une femme objet à sortir du tiroir pour épater les copains, les collaborateurs et les autres mâles dominants autour de lui. Une femme en représentation, parfaite pour serrer des mains, faire la bise, être posée, épater sa cour, assurer la frime, quoi ! Erreur fondamentale, je suis une chef de meute moi aussi et en rien un trophée de chasse, une tête de chevreuil empaillée au-dessus de la cheminée. Une épouse dont on décide jusqu'à ce qu'elle doit porter, chemisier blanc et pantalon noir, triste uniforme de l'épouse fidèle, burka de la femme moderne. Un accoutrement à hurler de rire pour moi qui porte toujours les jupes au-dessus du genou puisqu'il n'y a aucun bourrelet à dissimuler. Nous sommes en 2009. Courir à gauche, à droite, tandis que madame attend à la maison, sage, jusqu'au moment où monsieur rentre, quelle connerie ! Le seigneur qui décide seul de ma jouissance, c'est le Moyen Âge, ça relève de l'esclavage.

*

Moi, je rêve de l'homme objet, d'aller chercher du sexe comme si j'allais m'acheter un sandwich merguez. De me faire un mec, comme si je me faisais un MacDo. Car, moi aussi, des en-cas, j'aimerais en avoir. J'en ai envie, j'ai des petits creux à mon tour et je commence à trouver le temps long.

En femme vertueuse – pas le choix –, si ça continue, bientôt je pourrai bosser chez les sœurs. Une sœur Emmanuelle en plus sexy, plutôt Emmanuelle façon Just Jackin. Quel gâchis ! Une sainte avec un string et une panoplie de vibromasseurs pour faire passer le temps, aux couleurs assorties à mes sous-vêtements, quel destin ! Pour un peu, j'irais chez Louis Vuitton pour commander une mallette de voyage sur mesure adaptée à tout ce matos. *Do it yourself*, d'accord, mais avec style et élégance. Je suis une dame, moi...

11

Je suis une conne. En tout cas, je me fais passer pour, ça facilite les choses en général, et je n'ai pas besoin de palabrer des heures pour expliquer que je ne me résume pas à un physique. Mon bac avec mention, j'en parle rarement. Et jamais lors d'un *first date* : je préfère me foutre à poil tout de suite plutôt que de dénuder mon âme. Strictement privée, elle ne regarde personne. D'une certaine manière, je suis terriblement pudique. Plutôt Q que Q.I., voilà comment je me présente. Alors j'en rajoute. Et je laisse croire que j'ai un petit pois dans la tête – et encore, qualité boîte de conserve, pas de ces petits pois frais et craquants. Se cacher ainsi évite beaucoup de problèmes et permet qu'on me pardonne pas mal de conneries. Bête, je suis, donc.

*

Mais si dans mon milieu professionnel on me paye pour l'ouvrir, en privé je la ferme. « Sois belle et tais-toi », j'applique, je me tais. Et j'observe.

J'attends le bon moment parce que je suis très patiente. Du coup, les hommes se montrent au premier abord merveilleux, intelligents, érudits, tendres, sportifs, drôles, épicuriens, et bons au lit. Et d'autant plus grande est la déception quand la relation avance : ils tombent de leur piédestal. Avec moi, en revanche, pas de déceptions : juste de grandes surprises.

*

J'ai en revanche quelquefois été déçue, tant une fille intelligente faussement bête peut elle aussi se faire avoir grave. Car les hommes, paresseux, changent de femme mais rarement de carnet d'adresses. Ils vous invitent dans leur maison où vous découvrez les cadres garnis d'images de leur vie d'avant, vous emmènent dans les mêmes endroits où ils venaient avec « l'autre ». Alors que nous, les femmes, quand on change, on balance tout. Personnellement, je ne conserve même pas les cadres dans lequel il y avait les portraits du précédent, ils finissent à la cave, dans un carton, avec mes souvenirs et blessures. Madame Propre !

*

On a tendance – trop – à s'efforcer de s'adapter à l'autre, histoire de lui plaire. Moi la première. En plus de me faire passer pour une idiote, je ne me montre jamais différente de ce qu'il croit que je suis. Ni de ce que je suis vraiment. Aimant jardiner, danser et faire la cuisine, je me retrouve souvent face à des mecs superbes qui savent bêcher, swinguer et manger. Jusqu'au moment où je découvre que le jules en question refuse de se lever pour danser sur les chaises du Zénith pendant un concert, déterre tous les hortensias que nous avons plantés ensemble avec amour car les gouttes de rosé tachent son pantalon Zègna quand il passe devant le matin pour aller au boulot, vide un paquet de Pépito avant de passer à table, en assénant ensuite qu'il préfère ne pas dîner, *because* son régime ! Le couple, paradis des désillusions.

Quand on aime, on est capable de soulever des montagnes et même de planter des hortensias ; quand on n'aime plus, on rase le jardin secret et on bétonne tout.

12

Pour dire vrai, depuis un moment mon couple n'était plus ce qu'on appelle « une journée à la plage ». Et s'en rendre compte ne peut que me miner un peu plus le moral. D'autant qu'il m'est terrible de m'imaginer seule à nouveau, redevenant une personne à part entière et plus seulement la moitié de l'autre. « Ma meilleure moitié » dit-on. Quelle sottise !

*

Pourquoi reste-t-on trop longtemps dans une relation qui ne fonctionne plus ? Parce qu'on espère, comme avec la météo, qu'un jour ou l'autre il fera meilleur ? Que nenni ! Lorsqu'une relation est pourrie, rien ne peut la sauver. Pire, on en arrive à se contenter de peu. Pour le meilleur et pour le pire, dit-on, on en vient aussi à vouloir prouver à n'importe quel prix que le duo fonctionne, à se convaincre que « divorcer, moi ?

jamais ! » Par peur de prendre l'échec en pleine gueule, parce qu'on se sent coupable d'un crime qu'on n'a pas commis.

*

Coupable de sentir l'odeur de l'autre quand il rentre. Coupable de savoir. Coupable d'être d'une certaine manière consentante tout en n'étant pas d'accord avec ce qui arrive. Coupable de ne pas le lui dire, de ne pas lui montrer qu'on craint la vérité pour laisser intact le peu qui reste.

À quoi tient ce mutisme ? Peut-être au fait de porter sur mes épaules le poids des cinquante-six années de bonheur-jusqu'à-ce-que-la-mort-nous-sépare de mes grands-parents ? Peut-être au fait d'avoir mal enduré le divorce de mes parents, avec ses cris et ses hurlements ? Peut-être parce qu'à quarante-deux ans, je suis encore la petite fille de presque treize ans qui se promenait torse nu, cette « Rosalie Deux Œufs Sur Le Plat » qui, dans la chaleur cuisante d'un mois de juillet, a vu sa maman hurler, femme en furie lançant des objets à la tête de son mari, mon père. Peut-être parce que je me revois toujours, pour éviter les projectiles, faire un mauvais geste et casser un vase en cristal, le vase préféré de ma maman déchirée-chérie. Parce que je ressens encore ce bris de verre sur ma peau nue, la crainte de recevoir une claque, alors que c'est un baiser de femme en larmes auquel j'ai droit, agrémenté d'un inhabituel : « Ce n'est pas grave. » Combien j'aurais préféré qu'elle me frappe, comme les autres fois ! Combien j'aurais voulu réparer ce vase, réussir à recoller les morceaux de verre et de vie dorénavant irréparables. Une Miss Superglue qui croyait, du haut de son entrée dans l'adolescence, que papa et maman se quittaient parce qu'elle avait cassé le vase.

Le jour anniversaire de mes treize ans, j'ai découvert que les contes de fées n'existaient pas. Qu'« une jeune femme doit se cacher les seins même quand elle a chaud ». Et que mes parents, comme me le dit ma mère folle de bonheur, « se séparaient ».

Comme ceux qui dansent autour d'une tombe sans voir le traumatisme qu'ils créent, la petite fille se retrouvait propulsée malgré elle dans une réalité laide, celle où tout a une fin : mes petits seins nus et le mariage de mes parents.

13

Ce soir, je n'ai pas envie de rentrer. Je préférerais me pendre plutôt que de revenir dans ce qui fut la maison du bonheur mais qui devient l'enfer. Nous n'avons plus rien à nous dire et un énorme silence pèse. Les mots que nous ne prononçons pas sont plus blessants que les injures. Un couple SM par excellence. Un nouvel air flotte dans la maison, qui sent le renfermé et l'amour en décomposition. Ton regard s'avère aussi vide que ton cœur.

*

Frissons. J'ai froid parce qu'il ne m'aime plus. J'ai beau mettre le chauffage à fond dans ma Porsche turbo, ça ne change rien ; j'ai le bout des doigts glacés et des bleus à l'âme.

La plus belle avenue du monde est carrément moche ce soir. Le voiturier du Plaza a beau me faire des grands sourires quand je lui confie mes clés, je constate vite que la lumière du bar est assortie à mon état d'âme : bleu fashion, mais bleu triste. Je prends place sur la banquette haute, au fond, à gauche, comme d'hab, pour superviser les allées et venues. Bientôt, il y aura sans doute une petite plaque dorée avec mon nom au mur, tellement je viens souvent ici me soigner à la Rose Royale avant de rentrer.

Je ne parle à personne et fais semblant de m'éclater via l'échange de sms avec des gens que j'adore et qui m'aiment. En vérité, je suis juste là, dans mon coin, *as usual*, rayonnante mais terriblement abîmée sous ma robe Fendi, absente même. Un emballage, joli certes, mais vide.

Non, je ne veux pas le numéro de portable du monsieur au bar, et encore moins accepter la coupe de champagne qu'il m'offre. Je n'ai rien à fêter aujourd'hui. En plus, il a une tête de con. Comme je ne drague pas, je ne me fais pas draguer. Une femme mariée – même mal – ne fait pas ces choses-là. Et puis, j'ai un homme parfait à la maison puisqu'il l'affirme lui-même. Qui suis-je pour le contredire ? En vérité, je n'arrive même pas à placer un mot, les rares instants où l'on parle, impossible d'interrompre son monologue. Femme soumise, je suis et reste.

*

Je garderai ma salive pour placer des mots bien sentis chez mes avocats futurs, et pour rouler des tonnes de pelles une fois le divorce prononcé.

*

Je vais rentrer tout à l'heure dans ce qui fut, un temps, le paradis sur terre et essayer de m'endormir avant qu'il arrive. Je serai la Belle au bois dormant dans la percale d'Égypte, mais sans prince charmant pour l'embrasser et l'extraire de l'enfer. À la place, il y aura seulement lui, mon futur ex.

Celui qui ne m'aime plus.

14

Il n'y a rien de plus sexy qu'un homme à genoux. Qu'il s'agisse de sexe, parce qu'il demande pardon ou – autre époque – parce qu'il fait sa demande en mariage. Dans cette position, vu sous cet angle, je ne refuse rien. Je dis même oui à tout. Quant à la phrase : « Tu es la femme de ma vie, c'est dans tes bras que j'aimerais mourir », carrément mortelle, elle me fait fondre. *Queen of Cool* n'est pas de glace, elle est même plutôt pleine de feu pour la gent masculine jouant la carte affective.

*

Survient toujours un rebondissement dans un couple en pleine déchirure : le moment où l'on a des doutes sur le bien-fondé de la séparation. Dans ma vie d'avant, plus jeune, j'ai dû « divorcer » et « revenir » au moins cent cinquante fois, partir avec mes valises et mes enfants, ou juste une brosse à dents, autant de fois. En savourant d'avance le bonheur de retomber dans les bras de celui que vous détestez le plus au monde, puis de faire l'amour avec lui. Une extase que je conseille à tout le monde. Mais une chose que je ne fais plus maintenant. Car une brosse à dents s'achète et que si je quitte, je quitte vraiment. Lorsque je me décide, la séparation est déjà consommée et en voie de digestion. Ça ne signifie pas que je n'aime plus – ou que je déteste –, mais qu'il me faut couper le disjoncteur.

*

Si bien que, devant un homme à genoux, je fonds mais ne démarre plus au quart de tour. Car se mettre aux pieds de l'autre ne marche qu'une fois. L'homme à terre, à poil – façon de parler – qui place sa vie entre vos mains, c'est le pied certes, le sentiment bref d'être un petit peu Dieu. Mais j'ai beau le croire sur parole, admettre qu'il est prêt à tout pour que ça marche, quand il clame qu'il veut redémarrer et ne peut vivre sans moi – que cela fait du bien de l'entendre –, je sais aussi que l'euphorie ne dure jamais longtemps. Car l'amour réchauffé retombe comme un soufflé au chocolat resté trop longtemps sur le plan de travail de la cuisine. Les invités attendent, ça sent bon partout dans la maison, chacun salive, mais quand on enfonce la cuillère, il y a juste de l'air et un peu de chocolat autour. *Kalopsia.*

*

Est-ce à dire que je ne crois plus à l'amour ? Au contraire, j'enfilerais bien encore une fois une petite robe Max Chaoul blanche. De préférence sur une plage d'Hawaï, avec les pieds dans l'eau et rêvant, le soir, quand tout sera fini, de trouver encore un peu de sable fin dans mes cheveux.

Se marier, on devrait le faire souvent pour réussir sa vie de couple. Tout comme divorcer. Et je sais de quoi je parle, je suis une pro.

15

Le sursaut a été de courte durée. Les jours se suivent et ne se ressemblent pas. Ma peine est redevenue immense. Je suis partie à Sylt, sur mes terres, retrouver mes racines et essayer de noyer mon chagrin dans les vagues de la mer du Nord.

C'est l'été, le ciel paraît aussi bleu que l'eau, les vagues écumeuses comme des nuages blancs. Il est presque impossible de savoir si on se baigne dans le ciel ou la mer. J'ai envie d'oublier mon prénom un instant, juste de sentir le vent sur ma peau nue. Envahie par les émotions, gagnée par l'envie de mourir, je me manque. Non parce que je ne pourrais pas vivre sans lui, mais parce que je n'ai plus envie de vivre avec moi-même. Une conne je suis, une grosse merde même. Celle que l'on ne regarde plus à la maison, à peine bonne à changer les ampoules et acheter de la mousse à raser. Or je n'ai plus envie de m'adapter, plus envie de plaire. Je me sens frigide, aussi sexy qu'un réfrigérateur débranché. Et pourtant, en temps normal, je suis une bête de sexe. Une femme faite pour plaire. Mais là, c'est la douche froide. Des photos m'ont glacée.

*

C'est horrible d'avoir vu que j'ai vu. Sur papier de format A4, les images découvertes sur mon bureau me font encore mal aux yeux. Les appareils photos sont très performants, mais mettre la technique au service de mon malheur me rend la science odieuse. Je me sens salie, trahie. Chaque geste vers l'autre m'a paru une insulte, une gifle. Prise à rebrousse-poil par ces clichés, la lionne a été blessée et s'est demandée comment elle pouvait aimer tellement quelqu'un et ne récolter que des merdes.

Depuis, je ne veux plus faire partie de ce monde qui ne me convient pas, de cet univers morbide de couples déchirés. Depuis, la douleur ne cesse pas et je m'en veux de vouloir mourir, disparaître, d'être venue fuir à Sylt, un enterrement provisoire. La beauté du paysage contraste cruellement avec mon désir de disparaître.

Je ferme les yeux, j'entends les mouettes au-dessus de ma tête, je sens le goût du sel sur mes lèvres gercées. Mais mon cœur reste lourd. Car je songe à nos débuts, à la folie la passion, à l'intensité de l'amour. À mon cœur qui s'accélérait dès qu'il entrait dans la pièce, à son odeur, au toucher de sa peau. Aux moments où l'on baisait comme des malades, à moi qui n'avais d'yeux que pour celui qui ne me regarde plus désormais.

Depuis des mois maintenant, j'ai un caillou à la place du plexus solaire. Je ne réponds plus au téléphone parce que les mots me manquent et parce que je ne veux pas lui dire ce que je pense de lui et lui faire de la peine. Le monde à l'envers en somme. Ce n'est pas lui qui m'a trompée, mais moi qui me suis trompée d'homme.

*

Je laisse glisser le sable blanc entre mes doigts, comme l'amour qui m'a filé entre les mains à une vitesse grand V. Je plonge dans l'eau glacée, espérant que les vagues se refermeront au-dessus de ma tête pour ne rien laisser de moi, pas même une trace. Être aspirée vers le fond, là où c'est noir et paisible. Être anesthésiée à jamais, m'endormir à jamais pour mettre fin à ce cauchemar.

16

Le jour se lève sur la mer du Nord. Pas un bruit dans les dunes où je marche. Le brouillard du matin absorbe chaque bruit. Même celui de mes pas. Encore une nuit sans sommeil, l'absence des repères. Le temps, qui guérit chaque blessure, s'est noyé dans un labyrinthe d'émotions. Je ne sais même plus quel jour nous sommes et, franchement, je m'en fous. *Numb*. Anesthésiée. La vie file ailleurs.

*

Je vais rentrer tout à l'heure, chez moi, anciennement chez nous, dans la maison que nous avons aménagée ensemble ici à Sylt. Les déménageurs sont venus hier pour prendre tes affaires. Il n'y aura plus aucune trace de toi, juste quelques photos des temps heureux, ton rasoir et l'écho lointain de ta voix.

Je feuilletterai le journal probablement, sans vraiment lire ce qui sera écrit. Quelle importance : les nouvelles seront vite périmées. Comme moi ? Je préparerai du thé pour me réchauffer, trop de thé pour moi toute seule. Je ne me suis pas encore habituée au nouveau vide que ton départ a laissé dans ma vie. Tu me manques encore un peu. Notre couple a désormais disparu et une grande partie de mes idéaux avec lui.

Le courrier s'entassera, je ne l'ouvrirai même pas et je ne répondrai pas au téléphone. Je les emmerde. Tous. Mon répondeur scandera à qui voudra l'entendre : « Ce répondeur ne prend pas de message. »

*

Je suis à plat bien que je ne foute strictement rien. Rosalie en mode veille. En proie au grand vide. Avec une énorme douleur cachée dans les minuscules gestes du quotidien, ce quotidien, cette usure qui nous ont vraisemblablement achevés.

Au départ, on rêve de partager le tous-les-jours et de se réveiller ensemble, mais à la fin le train-train insupporte. Il n'y a rien de plus délicat que de vaincre la banalité, de dominer le désir qui s'étiole comme celui que l'on contient envers les autres. Aujourd'hui, je dois recommencer, sans toi, mais je ne le peux pas. Pas encore. Pas maintenant. Si seulement j'avais su, lors de notre rencontre, que ça n'allait pas marcher entre nous... Mais non, les signes du fiasco se cachent habilement dans les premiers sourires échangés. Et je ne les avais pas vus dans tes yeux. On s'est perdus, je me suis perdue, et il est temps que je me retrouve.

*

J'ai un terrible besoin de me noyer dans le silence, de m'enterrer sur cette île. Je porte un masque, le sourire en permanence pour cacher mon chagrin. Je m'habille en blanc pour que personne ne voie que je suis en deuil, me persuader que la liberté a du bon... Tes bras me manquent. Qu'est-ce que je fais sans toi ?... J'inspire et j'expire. C'est tout.

QUAND LA PORTE SE REFERME DERRIÈRE SOI

17

Le meilleur investissement à faire lors d'une séparation et d'un divorce, c'est un bon avocat. Il ne faut pas craindre de prendre le meilleur, et quand je dis le meilleur, ça signifie un qui coûte cher. Il est tentant de ne pas vouloir mettre le prix mais, comme disait Nixon, si vous payez des cacahuètes, vous risquez de vous retrouver avec des singes. Pire, rien du tout tant les futurs ex-maris ne font, eux, pas des cadeaux !

*

Or ce n'est pas le moment de plaisanter, car on parle de votre avenir en cette période. OUI, ne l'oubliez pas : il y a une vie après le divorce, des loyers à payer et des robes à acheter. Soyez donc préparée, une femme prévenue en valant deux.

Le moment de choisir son avocat est un instant crucial, la matérialisation même du divorce, le point de non-retour, le signe que tout devient inexorablement vrai, que le sérieux commence. D'un coup, soudainement, vous êtes l'ennemie de votre mari et votre avocat devra défendre *vos* intérêts face à celui qui fut, un temps, l'homme de votre vie. Maintenant s'affrontent deux camps, Eux et Nous. Votre conseil joue le rôle d'une arme détruisant votre union – c'est dur à admettre – mais garantit aussi la construction de votre vie après. Il n'y a plus de place pour les émotions ou la nostalgie.

*

Ne mettez pas plus de gants que votre ex en mettra. Il ne faut cependant pas surréagir. N'ayez pas peur si on vous menace de : A.) Prendre vos enfants B.) Bloquer vos comptes bancaires et C.) Vos cartes de crédits. Il s'agit de détails, de méthodes d'intimidation auxquelles il ne faut pas surréagir. On parle d'un divorce désormais, pas d'une journée à la plage. Soyez donc dans l'action et non la réaction ; la loi peut vous protéger et c'est à votre avocat de se faire du souci à présent et de passer des nuits blanches. Vous êtes une femme forte, souvenez-vous. Le cent mètres haie commence maintenant, aussi pour arriver gagnante au finish, concentrez-vous sur les obstacles afin de les négocier le mieux possible... Dès que surgira un problème, refilez-le au plus vite à quelqu'un d'autre, donc à votre avocat.

Puisque savoir déléguer est une règle d'or, servez-vous de lui. Il coûte cher ? Ne vous affolez pas, on peut vivre un mois sans coiffeur ni collants. Pensez à vos priorités, vos objectifs et vos besoins futurs. Quant au reste, avec le temps, tout s'apaisera, et votre mari sera le meilleur ex que vous ayez jamais eu. Ces tourments constituent juste une étape « cocotte-minute » à traverser.

18

« *When the going gets tough, the tough go shopping.* » Au téléphone, ma meilleure amie Lisa me remémore notre exemple à nous toutes – Ivana Trump – pendant que j'essaye des bottes en python chez Sergio Rossi. Or rien n'est moins évident que de coincer un portable entre son oreille et son épaule tout en se balançant sur un pied pour essayer le modèle convoité. Heureusement, après des années d'expérience, je peux vous assurer que c'est possible pour une *die-hard queen of shopping* comme moi. Mais suis-je une vraie accro des magasins ou quelqu'un qui cherche à combler un vide ?

*

En fait, je suis en manque depuis que cela ne va plus entre nous. Déjà que, dernièrement, on ne faisait plus trop l'amour... Alors comment compenser ?

Option 1 : se jeter sur le chocolat. Mais quelle bêtise, ce délice fait grossir et une boîte de chocolats sur l'oreiller à mes côtés ne me semble pas sexe du tout. Et en plus, l'on risquerait de finir grosse vache, ce qui ne serait pas malin pour un sou. Premièrement, parce que tout le monde cancanera que je me suis laissée aller pendant le mariage et qu'« il » a eu raison de me quitter ; deuxièmement parce que, à terme, je risque de rester seule ou, pire, accompagnée par un mec moins beau que lui, et ça c'est un *no-go absolut*.

La cellulite n'ayant jamais fait bander personne – ça se saurait –, allons-y pour les bottes python avec sac assorti ; c'est l'option 2 avec son objectif clair : être la plus belle chez le juge des affaires familiales ! Apparaître en Miss *Happily Divorced* et *Totally Gourgeous*. Car le shopping ne fait pas grossir. Mieux, il procure une belle satisfaction en rentrant le soir ! Même quand mon dressing ressemble à un champ de bataille et que ma carte de crédit essaye de reprendre son souffle au fond de mon Vuitton, voir tant d'achats nouveaux est orgasmique. Certes, ils ne remplacent pas mon homme – le top, ce serait les achats plus un petit coup après, mais bon, ne songeons pas aux époques révolues –, mais ils aident à passer le temps.

*

Autre désagrément, j'ai de plus en plus de soirées en kit. Et ce n'est pas cool. Alors que faire l'amour est mon passe-temps favori, franchement, seule, c'est nul : on n'a pas l'air con avec sa main gauche ! Même lorsqu'on recourt à l'électroménager inventé pour ce genre de chose. D'autant qu'au moment crucial, je tombe toujours en panne de piles, soit vers trois heures du mat'. Et rien de moins évident que, à poil, de dénicher dans une maison où sommeillent les enfants, des piles ou de vider sans bruit les télécommandes des autres appareils avec les mains tremblant d'excitation. Et quand, en outre, on doit affronter les regards courroucés et réprobateurs des enfants au petit matin, furieux que maman, cette *sex-alcoholic*, ait volé les piles des Game boy pour alimenter son Game boy à elle, on n'en mène pas large. Miss Duracell rougit. Conclusion : tout est question de choix dans la vie ; soit se bâfrer de chocolat et grossir, soit acheter pour rester belle avant de devenir pauvre. J'ai choisi : demain, je retourne chez Gucci !

19

Je n'arrive pas à y croire. Avant, nous marchions, dormions, avancions côte à côte. Maintenant, nous nous retrouvons face à face, chacun son avocat à ses côtés. Seule l'immense table blanche nous sépare. Et les quelques lettres de nos conseils. Je l'observe sans arrêt, les larmes aux yeux ; lui ne me regarde pas et je tremble. Dur d'assister à son propre enterrement.

*

Nous devenons un simple dossier à classer rapidement pour passer à autre chose. Tellement unis avant, tellement détruits maintenant.

Les années communes se chiffrent apparemment mais cette arithmétique froide ne dit rien de l'amour immense que nous avons partagé. Comme si un euro pouvait remplacer ses « je t'aime ». Et puis, sans le « nous », ne valons-nous pas que la moitié ? Mais une question me monte aux lèvres sans que j'ose la formuler : pourquoi sommes-nous si sûrs, maintenant, que se scelle la fin, tant il y a eu de fins avant ? Combien de fois je l'ai quitté ? Combien de fois il est parti ? Et, chaque fois, alors que tout était sur le point de couler, l'un de nous ne disait-il pas « je t'aime » comme une bouée nous aidant à remonter à la surface ? Ces mots magiques effaçaient tout. Des mots qu'on ne prononce plus, désormais.

*

Il ne me regarde toujours pas alors que je cherche le regard de l'homme de ma vie, alors que je veux qu'il découvre, sente, éprouve ma peine immense, alors que je veux qu'il soit convaincu que tout sera fini ensuite s'il ne réagit pas ?

Mission impossible. Nous sommes bien en phase finale. Mon avenir se joue maintenant : or je n'ai pas envie d'un futur, juste de me jeter par la fenêtre. Une petite défenestration me tenterait bien aujourd'hui. Mais, hélas, nous ne sommes qu'au premier étage. Et je veux mourir, non finir dans un fauteuil roulant.

*

Mon avenir, c'était lui. Mon présent aussi. Bientôt, il occupera une belle place dans mon passé. De son côté, je n'existe plus depuis longtemps. À quoi songe-t-il d'ailleurs, en ce moment ? À la villa avec piscine qu'il a louée pour l'été, détail que je ne suis pas censée connaître ? Sans doute. Du reste, il a bien raison : la vie continue ; notre union était juste une histoire d'amour ratée, inutile d'en faire un plat.

*

Tout à l'heure, avec quelques papiers de plus et quelques Kleenex en moins, je prendrai l'ascenseur – non la fenêtre – et je le verrai tourner au coin de la rue avec son avocat. Moi, je partirai de mon côté, seule. Car c'est ce que je suis maintenant.

20

D'habitude, je suis toujours en retard. Mais aujourd'hui, dans le taxi en route vers le bureau du juge des affaires familiales, j'ai une heure d'avance. Ainsi qu'une jolie robe et des bottes blanches Chloé. *Dropdead gorgeous here*, je vous dis. Comme je suis encore mariée – c'est une question de minutes maintenant –, je dois bien présenter. Vivre dignement mes dernières secondes d'épouse.

*

« Souhaitez-vous garder son nom ou reprendre le vôtre ? », m'avait demandé son avocat. Quelle sottise ! Ayant toujours été moi, ayant seulement vu mon nom changer durant quelques années, pourquoi resterais-je attachée à lui ainsi ? Pourquoi me nierais-je ? J'étais fière de porter le sien, mais encore plus fière aujourd'hui de reprendre le mien. Une future *Miss Has Been* ? À mon sens, mieux vaut être épouse *Has Been* que Mme *Never Will Be*. Et puis, comme je lui ai donné une grande partie de ma vie, la moindre des choses serait qu'il me rende mon nom. Sans envisager autre chose. Tenir. Rester soi. Être droite dans ses bottes. Chloé, ne l'oublions pas. *Of course, what else ?*

*

Les dernières pages du chapitre mariage s'écrivent ce jour et vont se clôturer, si tout va bien, si le juge n'est pas malade, si les tampons encrent bien, par deux signatures scellant une rupture en bas d'un papier.

Je resterais Madame de toute façon. Bizarre d'ailleurs, que l'on ne redevienne pas Mademoiselle lorsqu'on repart ainsi à zéro ? En tout cas, je me sens flambant neuve : ne me rend-on pas ma liberté, cette liberté dont je souhaite déguster chaque instant, ne rater aucune seconde ? *Live your life to the max*, même si c'est de la merde.

*

Une image me revient à l'esprit. Le souvenir lointain d'un des plus beaux jours de ma vie, celui où j'ai dit oui à l'autre, où j'ai épousé l'homme, son nom et sa vie. J'ai fini par « prendre » ses formes. Aussi, je dois me déprogrammer maintenant, ne plus penser Nous, mais

Moi, ne plus jamais dire « mon mari », mais « mon ex » ; épeler van Breemen, « avec deux *e* ».

*

Il souffle comme un air de vacances au 36, quai des Orfèvres. C'est le plein été. Des touristes sont assis sur les marches et les cris aigus des hirondelles résonnent dans la cour. Étonnamment, je me sens légère et grave à la fois.

Dans le bureau du magistrat trône une énorme photo du Taj Mahal. Ironie du destin, je le prends en pleine figure, comme tout ce qui m'arrive depuis quelque temps : n'est-ce pas le temple des amoureux ?

À côté de moi, il y a mon homme, mon adversaire, mon futur ex. Il y a peu, nous avons contractualisé notre séparation via nos avocats, un mariage entier résumé en une seule feuille blanche ! C'est si peu et tellement riche en même temps. Quelle crânerie de voir une histoire exceptionnelle se métamorphoser en histoire banale, en lignes juridiques couchées sur un document quasi administratif.

Le juge officialise le divorce. Nous sommes Monsieur et Madame Tout-le-Monde à nouveau. Et je sens qu'il va me manquer, celui qui fut ma seule raison de respirer pendant des années. Rosalie en apnée, dorénavant.

21

Il n'est jamais évident de faire un tri. CD à moi, CD à toi. Ces mots finissent par devenir un mantra dans ma tête. Se souvenir avec quoi on est venu et savoir avec quoi l'on repart. En tout cas, avec le moral dans les chaussettes, à coup sûr, et avec les cartons de la séparation précédente que je n'ai toujours pas déballés. Ma vie dans les cartons, variante moderne de Linda de Suza, version « spécial divorcée ». On vient, on repart, et au milieu on aime un peu, à la folie, désespérément, jusqu'au naufrage conjugal prochain. Quel gâchis.

*

Je suis une ratée totale, sur le plan affectif bien entendu. J'ai deux beaux enfants, une vie professionnelle réussie, mais le reste c'est de la merde. « On ne peut pas être bon en tout », me dis-je devant les débris du passé et un pcu dc papier bulle synonyme de « encore un départ ». Quitter le chez-moi, chez-lui, chez-nous. En lui souhaitant le meilleur du fond du cœur. En espérant qu'il trouve enfin le bonheur, même si c'est dans d'autres bras. Je ne suis pas en colère, je l'aime toujours, sentiment triste et beau à la fois. *Veni, vidi* mais pas *vici*, hélas.

*

Devant les objets désunis, je ne sais ce que je dois prendre ou laisser. Si j'embarque trop de choses, l'autre peut se sentir vexé et me voir en *bitch* âpre. Mais si je laisse tout, il croira que je ne veux conserver aucun souvenir de notre vie commune.

La première fois, je suis partie sans rien ; enfin, mes enfants et ma brosse à dents. En fille fière, attitude que j'ai regrettée ensuite. Dorénavant, je prends seulement ce qui est à moi... et rien de ce qui était à nous deux. Les souvenirs étant gravés dans ma tête, je n'ai nul besoin de quelque chose de palpable pour me rappeler à quel point nous étions en symbiose.

*

Les déménageurs ont commencé à remplir mes propres cartons. Des hommes baraqués qui se font tout petits – par pudeur probablement – et se faufilent à travers les pièces et mes états d'âme, devinant qu'il ne s'agit pas juste d'un déménagement, mais d'un départ définitif. Ils voient mes larmes quand je leur demande s'ils veulent un autre café. Ils ne parlent pas beaucoup, pèsent leurs mots comme on retient ses paroles à un enterrement.

J'ai hâte que ce calvaire se termine, d'euthanasier ma vie ici et de mettre fin à cette souffrance insupportable. « Qu'est-ce qu'on fait des photos ? », on me demande. Tombe ma réponse standard de la journée : « Je ne sais pas. » Et d'ajouter : « Je ne sais plus, on les laisse ; au moins, il aura des souvenirs. »

*

J'ai signé les papiers du divorce hier, mes affaires partent dans un garde-meubles et sont comme moi : sans domicile fixe pour l'instant. Franchement, je m'en fous ; je suis en fait en pleine phase suicidaire. Je prends mes cartons, mon odeur, et lui laisse l'amour et un vide.

La maison était effectivement trop petite pour nous deux ; elle risque de devenir un peu trop grande pour lui seul. Dès que le dernier camion aura quitté ma rue, je filerai à Sylt dans mon cabanon dans les dunes. Pour respirer un peu, avoir la paix. En espérant que ce soit possible. *Rosa has left the building...*

22

Un vrai bordel. La douille au plafond ne marche plus, le chauffe-eau déconne et un tas de cartons occupe le milieu de chaque pièce de mon nouvel appart. C'est fou la quantité d'objets que l'on accumule au long d'une vie. Des photos de baisers encadrés, des fleurs séchées de je ne sais pas combien de Saint-Valentin et des lettres d'amour, des tonnes de lettres d'amour. Que faire de ces souvenirs ? Jeter m'est impossible ; les poser sur la table de nuit alimenterait mes cauchemars et les exiler à la cave me paraît triste. Car cela me fait quelque chose de toucher du bout des doigts tous les moments intenses de ma vie en déballant ces cartons. Ma vie entre mes mains. Une confrontation totale avec ce que j'étais, ce que je suis et ce que je vais devenir. Avec une kyrielle de doutes et d'interrogations : aurai-je encore droit à de vraies histoires d'amour ou juste à un peu de *fast love* de temps en temps ?

*

J'essaye de vider les cartons avec méthode, mais il n'est pas évident de s'y retrouver. En général, on ouvre un carton pour dénicher un objet, une babiole, et on saute de joie une fois sa cible atteinte, comme si on remettait la main sur un être cher depuis longtemps perdu de vue. Mais ce qu'on ne sait pas ranger tout de suite s'accumule peu à peu sur le sol et oblige à une sorte de second aménagement. Mon chien, fidèle, lui, reste paisible au milieu de ce fatras, et s'étire de tout son long quand je passe à côté de lui avec une nouvelle pile de photos dans les bras. De fait, je me dis que je ne déménagerais plus jamais. Et qu'il devra vraiment être beau, gentil et avec quelque chose dans le slip pour que je songe une seconde à le faire entrer chez moi, le successeur éventuel de mon ex. Autre solution : si ça ne va pas avec le prochain, à lui de partir ! C'est décidé, je ne ferai plus jamais un carton de ma vie, pas même les leurs !

*

Je me sens très seule parfois, même si cela dure seulement un millième de seconde, avec un profond sentiment d'abandon. Quasiment désespérée. Bien sûr, étant quelqu'un d'entier, je sais n'avoir nul besoin d'un homme pour me sentir complète, mais à certains moments, j'admets que la vie en couple a du bon : compter pour deux, ça vaut de l'or.

Une chose est sûre : jusqu'à ce moment-là, je resterai seule. Avec mon chien, le seul vrai fidèle.

QUAND ON APPREND À ÊTRE SEULE…
ET SOI

23

Une petite carte trône devant mon assiette. « Rosalie van Breemen » est écrit en calligraphie dorée, des lettres qui brillent joliment à la lueur des chandelles. Mon premier dîner en ville en tant que *sexy single*.

*

Je sens que tout le monde me regarde. Mieux, quand j'ai traversé la salle tout à l'heure, les gens se sont tus au moment où je passais, certains me gratifiant juste de sourires polis. Des rictus un peu faux culs aussi. À croire que je suis seulement la somme de mes ex ! Pas question de faire la tête maintenant ou d'avoir le nez qui brille : *happily divorced* et fière de l'être. J'assume. Ne suis-je pas toujours rayonnante lorsque ça ne va pas, genre « Rosalie porte si bien sur elle le désespoir ». Comme s'il s'agissait d'une robe Galliano ?

Il est douloureux quand même de naviguer au milieu de ce beau monde, d'affronter leurs regards, de savoir qu'ils savent ce que j'ai su et vécu. Divorcer est terrible mais plus encore une fois étalé sur la place publique. Dans ma tête, je songe que doivent s'affronter deux camps : ceux qui sont pour ou contre moi, pour ou contre mon ex. Un match ridicule qui ne les regarde pas, eux qui ignorent le fond des choses.

Parce qu'exhibitionniste de nature, n'étant pas dérangée à l'idée de me retrouver à poil devant des inconnus, penser que ma propre séparation a été annoncée dans la presse people alors qu'officiellement je n'étais au courant de rien, me reste en travers de la gorge et demeure aussi douloureux que violent. Avec le recul, je comprends les regards sous-entendus des personnes que j'avais croisées le lendemain de la publication, qu'il s'agisse des commerçants, de mes collègues ou du chauffeur du taxi qui me disait que j'étais très belle et que j'allais donc trouver mieux que celui qui me lâchait. Avec de la distance, j'avais digéré aussi la remarque de Lolo, mon esthéticienne, qui, alors qu'elle était sur le point d'arracher la bande de cire au niveau du maillot, m'avait lancé : « Alors, prête pour le nouvel homme de ta vie ? ! » Mais comment rétorquer quelque chose d'intelligent en position de grenouille, tandis qu'on appréhende la spatule tapissée de cire bouillante sur cette zone relativement délicate ? Et comment lui avouer que j'ignorais ce qu'elle voulait dire ? Croyait-elle que son *total body wax* était pour préparer un rendez-vous galant ? En tout cas, au moment où mon minou avait repris ses airs de Kalahari et moi mon souffle, je lui avais demandé les raisons de cette question personnelle et j'avais entendu la vérité : « Tu ne sais pas que tous les magazines parlent de votre séparation ? » J'avais alors rétorqué n'être au courant de rien et que, des rumeurs, il en court des tonnes, qu'elles font vendre du papier et que, jusqu'à nouvel ordre, j'étais toujours terriblement mariée. Une diatribe véhémente formulée en brandissant ma bague Van Cleef comme si je voulais conjurer le mauvais sort. Les rumeurs, on s'en fout ; mais contre la vérité, en revanche, on ne peut rien. Même avec une bague Van Cleef en porte-bonheur.

24

Coup de blues. De mon nouveau lit, je vois la photo noir et blanc du mariage de mes parents. Elle est juste là, devant moi, à quelques mètres, posée sur le cache-radiateur, bien au chaud. Leur bonheur est retenu à jamais dans un simple cadre en bois par une plaque de verre. Si je voulais, je pourrais presque le toucher, le bonheur éprouvé par ces deux personnes ce jour-là, tant leur amour semble palpable. Or une telle image tient plus dans la durée que leur union... et les miennes. Si le beau costume et la robe blanche qu'ils portent remplacent les contes de Grimm et d'Andersen, je me dis que les photos durent mais que la vie ment !

C'est fou la vie que l'on peut trimbaler dans son Eastpack, ce sac à dos rempli de merde, dont chacun de nous a plein le dos. Et même si on a la chance de pouvoir le changer pour un Hermès ou un Dior, la merde cachée restera toujours de la merde. Les relations de nos parents, nos précédents amours nous forment et nous déforment.

Car ils étaient très heureux, au départ, mes parents de la photo. Ils sont d'ailleurs rayonnants, en ce plus beau jour de leur vie. Ce jour ensoleillé de juillet où ils sont en route pour la mairie. C'est ensuite que tout s'est gâté, avant de s'achever dans les hurlements. Je me souviens de ma mère qui faisait changer les serrures chaque fois que mon père ne rentrait pas dormir à la maison. Je me souviens de la maison en état de siège et des rapports de force qu'ils entretenaient. La bande de Gaza, à côté de leurs canardages, relève de la rigolade. Le pire est qu'ils sont restés longtemps ensemble. Essentiellement pour ma sœur et moi. Or je ne pense pas que cela ne nous ait fait que du bien.

*

C'est à cause de ce contre-exemple que, pendant longtemps, je n'ai pas voulu me marier, convaincue que le mariage était synonyme de guerre. Une réticence qui n'a pas empêché une précédente relation d'être assez tempétueuse. À tel point que j'avais un temps songé à remplacer toute la vaisselle de la maison par des Tupperware résistant mieux aux crashs sur les tomettes anciennes de la cuisine. Cet ex était rapide à débarrasser les tables. Avantage de ces services ultra rapides, j'ai développé avec lui de bons réflexes, devenant souple pour éviter la porcelaine de Gien qui volait parfois très bas. Donc vu d'ensemble, ce n'était pas qu'une expérience totalement négative.

Je me suis mariée ensuite car je pensais avoir droit à un conte de fées. Avec du Limoges et du Bernardaud cette fois. Malheureusement, les contes de fées ne durent qu'un temps, la jolie vaisselle ne constituant aucune garantie de fin heureuse.

*

Il me reste donc la photo en noir et blanc posée sur le cache-radiateur. Un instant de bonheur éphémère. Bien peu de chose, mais ça me rassure.

Et j'ai toujours mon sac à dos...

25

Je t'ai trop aimé !

Voilà, il fallait le dire même si ça m'arrache les cordes vocales. « Trop », c'est trop, et ce n'était PAS ASSEZ. Le voir admis ici noir sur blanc m'aide à m'en rendre compte. Et devrait t'aider à comprendre à quel point notre histoire était forte. Combien je t'adorais à la folie, toi le deuxième homme de ma vie, celui après lequel je pensais qu'il n'y aurait plus personne, juste le cimetière.

*

Aujourd'hui, je pleure. De tout le bien et le mal que tu m'as fait. Que je me suis fait aussi. Trop. Je t'ai trop épousé, au point d'être déformée ; j'ai épousé tes formes, tes habitudes et tes coutumes, par amour, uniquement par amour, moi qui ne voulais jamais me marier. Une déformée, une handicapée à vie, prête pour les

Jeux paralympiques de l'amour meurtri. Une amputée, bouffée par la gangrène de l'amour. J'étais une fidèle, une dévouée femme au foyer façon préhistorique, type Wilma Pierrafeu ; une reine des tartes aux pommes à la cannelle, des fleurs fraîches sur les cheminées, des draps sentant si bon la lavande. Où trouve-t-on encore des femmes sachant arranger des fleurs dans un vase ? J'étais la femme parfaite, la déesse du foyer, une espèce en voie de disparition à ranger bientôt sur les listes de l'Unesco.

*

Or, dans le couple, il y a toujours un qui s'adapte trop. Cette fois, il se trouve que c'était moi. De toute façon, je ne faisais pas le poids, tu prenais trop de place dans mon cœur et ma vie. Véritable poids lourd, l'envahisseur qui m'écrasa, moi la représentante consentante du sexe faible. À force de mettre de l'eau dans mon vin, je n'avais plus que de l'Évian – pure. J'ai fini par jeter l'éponge devant ta force, moi une femme pourtant costaude. J'ai préféré accepter la défaite, céder le passage à la suivante. En espérant qu'elle puisse, elle, combler le vide terrible que je compte te laisser. Étais-je un bien de consommation, genre la dernière Bentley ou la nouvelle montre qui, lorsqu'on en a marre, est changée ? *The happy housewife*, quelle rigolade ! Je me suis sentie comme un produit jetable, genre

Kleenex ou préservatif. Et moi qui pensais que *toujours* voulait dire *toujours*. Quelle naïveté !

*

Plus rien n'a de sens, je n'ai plus de repères. Une seule certitude : je sais comment il ne faut pas faire. Je suis devenue une *exologue*.

26

La haine me gagne parfois. Il y a des moments où j'aurais aimé te détester un peu plus, te haïr, te frapper. Et pas seulement avec des regards, des mots ou des non-dits. Si la guerre façon haïku relève de ma spécialité, par moments, j'aurais rêvé être capable d'ouvrir des hostilités bien plus rudes. Mais je n'ai jamais pu m'y résoudre. Même si mon imagination débordait d'opérations commando et de plans de bataille éprouvés. J'ai rêvé de te frapper physiquement pour m'aider à traverser la période difficile ayant conduit au jour du divorce. Cent cinquante mille fois, je me suis imaginée couper tous les boutons de tes vestes et chemises, laisser des trous dans tes Armani comme dans ta vie. J'ai envisagé d'appeler une de tes nanas, non pour l'engueuler mais pour lui demander pourquoi elle sortait avec un nul pareil. Mais je ne l'ai pas fait parce que, au final, je me suis dit que j'imaginais des choses et que mon homme, lui, ne pouvait être comme ça.

*

Pouvoir défouler ma rage, contre toi, contre ce qui a été et n'est plus, m'aurait sortie du désert affectif immense qui nous séparait et nous a désunis à jamais. Mais je suis désemparée par le silence dans lequel je m'enfonce de plus en plus. Qu'est-ce que j'aurais aimé trouver un soulagement, avoir la paix ! Qu'est-ce que j'aurais aimé que tu me prennes la main pour m'aider à ne pas m'enfoncer plus !

Me venger, je ne le peux pas, en vérité. Car il m'est impossible de te faire de la peine, tant je sais qu'elle ne parviendra en aucun cas à diminuer ma douleur. Je t'ai trop aimé et ne te déteste toujours pas assez. Et j'ai trop vu Maman consommée à petit feu par la haine, bouffée par la rage et la hargne pour devenir ainsi.

*

« *Ich bin von Kopf bis Fuss auf Liebe eingestellt, ich kann lieben nur, und sonnst gar nichts.* »
« Impossible de te détester un peu plus, je ne le peux pas. Je ne peux qu'aimer, car je suis, tout simplement, une femme à épouser, et non une femme dont on divorce. »

27

J'observe le cul de Hachiko qui court devant moi dans les dunes. Footing matinal. L'arrière-train de mon chien ou la matérialisation de ma solitude. Sylt ou le pansement de mes blessures. Il reste encore quelques bleus, mais leurs traces diminuent avec le temps. Les semaines et les mois ont passé. C'est presque Noël, et il fait nuit noire à 16 heures. Tempête, vent. Un peu de pluie. Je passe les fêtes seule, ici, sur mon île, loin de tout, loin de toi, loin de ce qui fut, un temps, nous.

*

Pas de sapin, Christmas-Lite pour une fois. Après avoir décoré pendant tant d'années un arbre de six mètres de haut, j'aime ne rien faire pour une fois. Juste un peu de gui au-dessus de la porte, car on ne sait jamais. Comme je n'ai jamais boudé les bisous en général, pourquoi m'en priverais-je en ce moment en particulier ? Il y a eu tant de Noël à supporter des sourires polis, à rester sage et bien coiffée dans ma jolie robe, tant d'autres Noël insipides et faux où j'aurais aimé lui balancer son foie gras à la figure ! Comme c'est fini, profitons-en : ici, je peux rester en survet' pourri toute la journée avec mes vieilles chaussettes ou mes cheveux pas lavés. La paix totale.

*

Il est bizarre de constater combien on a besoin de l'autre comme d'un miroir pour obtenir seulement la confirmation de soi, combien sans l'autre on croit ne pas exister. Combien, ayant été en déprogrammation totale, formatée pour plaire et être la fille parfaite, découvrir qu'on nous a conduit à faire fausse route perturbe. Erreur fondamentale de mes parents que cette phrase standard prononcée systématiquement quand je rentrais avec une bonne note ou la couv' d'un magazine : « Nous sommes fiers de toi », sous-entendu : « Tu dois être à jamais parfaite. » Or, aujourd'hui, je dis plutôt à mes enfants : « Tu peux être fier de TOI », pour qu'ils ne commettent pas la même erreur. Pour qu'ils songent à exister pour et par eux-mêmes.

*

Pour le meilleur et pour l'avenir

Quel calme, la vie sans mec ni relation. La relâche totale, la récupération, le pied. Grave. Je n'ai pas eu besoin d'alcool, ni d'anxiolytiques ou d'amants pour oublier mes soucis. J'ai endurci et vécu mes problèmes à fond, jusqu'au bout – ça doit être mon côté maso –, alors je remonte lentement, mais par moi-même. Comme je ne suis pas du genre à prendre des antidouleurs, histoire de bien me rendre compte que la souffrance a réellement disparu, j'ai morflé mais ça va mieux. Un divorce *Cold Turkey*.

Bon, d'accord, je m'accorde un joint, de temps en temps, mais juste pour le loisir. Et puis, ne suis-je pas néerlandaise après tout ? Qui aime l'homéopathie et se soigner avec les plantes ! Désaimer façon bio.

Demain, j'irai à la plage pour regarder la mer déchaînée. Perleront quelques larmes, peut-être, mais ce ne sera rien, juste un peu de sable dans les yeux probablement. Ou à cause du vent.

28

Froid de canard à la plage en ce premier matin de l'année. En plus, je suis légèrement cassée. J'ai fait la fête plusieurs jours durant, pour oublier ma solitude. Noël seule. La Saint-Sylvestre seule. Au milieu de la foule dans les clubs de la région. Une bonne immersion finalement.

*

Enfin « seule », c'est beaucoup dire, car les cartes de visite sous les essuie-glaces de ma voiture, les Weihnachtstollen dans ma boîte aux lettres et les coupes de champagne offertes par les hommes me gratifiant de grands sourires n'ont pas manqué.

J'ai d'ailleurs goûté l'hiver sur la peau de quelqu'un d'autre hier soir, – ou dois-je dire ce matin – et ça m'a fait un bien fou. Notamment de comprendre que je n'avais pas perdu la main. Bonne nouvelle : *I'm back in business*.

Le vintage, c'est fini : je me spécialise dans le neuf maintenant.

Les cheveux en bataille, la chambre à coucher en bordel, la machine à laver qui a aussi quelque chose à faire, le pied. La liberté me convient très bien tant mes plaisirs ne dépendent plus de la permission de l'autre. Prenant les choses en main, j'assume pleinement ma vie de célibataire.

*

Quel mot à la con d'ailleurs ; il n'y a rien du célibat dans mes envies. Certes, je ne suis pas amoureuse, pourtant mon cœur danse et je retrouve la vie vachement sexy. En tout cas, je plane encore sur le flot d'adrénaline de la nuit.

Et je me dis : « Quelle bêtise de croire que le bonheur réside uniquement dans le couple. » Ajoutant : « Quelle connerie de vouloir vieillir ensemble à tout prix. » Car est-ce cool de partager ses rides, ses bourrelets et ses problèmes de digestion chaque jour ? La vision de deux dentiers cancanant dans le même verre posé sur le bord du lavabo, celle des bas de contention pendant négligemment à la poignée de porte me font cauchemarder. Pitié, trouvons au moins quelqu'un qui puisse passer le déambulateur quand on sort de la douche ! Pire, avec un peu de chance – en est-ce une ? –, c'est votre partenaire qui vieillit plus vite que vous et vous oblige à changer ses couches et à lui préparer de bonnes soupes ! Finalement, je pense que je vais rester seule. Et tant pis : en sortant de la douche, j'attraperai moi-même mon déambulateur et j'aurai un verre à dents pour moi toute seule !

29

Je me sens un peu « Rémy » aujourd'hui ! Sans famille, j'avance à pas de géant dans ma renaissance, et, plus je poursuis ce chemin, plus je suis obligée de laisser des personnes aimées derrière moi. Ça fait mal, mais seule au monde, il me faut avancer sans regarder derrière moi.

*

Ce qui ne m'empêche pas de m'interroger : que m'arrive-t-il quand j'aime ? Est-ce que j'aime vraiment ou est-ce mon ego géant qui se sent flatté de sentir que quelqu'un a besoin de moi ? À moins que je cherche seulement à ne pas décevoir ni faire de la peine ? Peut-être aussi veux-je être aimée pour exister ?

La remise en question totale continue. Et mon rapport aux hommes évolue. Comme il est bon de trouver du réconfort entre des bras accueillants, doux de se sentir protégée même si c'est seulement pour une nuit, je me perds en conjectures. Car en vérité ce n'est pas de l'amour, seulement combler un vide.

*

Vouloir dénicher l'amour parfait est ri-di-cule. C'est comme lorsqu'on cherche désespérément à trouver le sommeil. Un bon bouquin, un verre de lait chaud, un lit douillet mais rien n'y fait, au petit matin on finit avec des poches énormes sous les yeux, les paupières lourdes comme des bouteilles de butane et une demi-oreille recroquevillée. Plus le sentiment que le miroir de la salle de bains a une sale gueule. Or l'amour ressemble au sommeil : il doit venir tout seul, naturellement. Depuis peu, je l'ai compris. Alors le bonheur, je ne le cherche pas. Il vient ou pas. Fini pour moi de vouloir plaire à tout prix et de m'adapter uniquement aux attentes de quelqu'un. Ainsi je ne pense pas avoir changé durant mon mariage, c'est son regard sur moi qui a évolué, l'angle sous lequel il me regardait qui a été décalé. Hélas, quand l'autre a décidé de ne plus vous aimer, inutile de mettre un string sur la tête pour lui faire changer d'avis, son point de vue ne variera plus. Puisque, à ses yeux, dorénavant, vous êtes reléguée au rang de merde, mieux vaut changer de public.

Je suis toujours moi, une moi sans lui. Une moi qui s'est abîmée avec cette épreuve tant mes bleus, bien qu'en train de s'estomper, me font encore mal lorsqu'on me serre fort. J'ai beau crier haut et fort à qui veut l'entendre que je vais super bien depuis le divorce, j'ai en vérité besoin de me refaire et de faire, besoin de cette solitude, qui m'aide à voir qui je suis réellement. Une femme qui ne se résume pas à l'écho de quelqu'un d'autre.

QUAND ON RENAÎT

30

Il est étonnant de réaliser que, pendant des années, j'ai craint de ne pouvoir respirer sans ma meilleure moitié, alors que c'était elle qui m'étouffait. Étonnant de constater qu'il ne me manque pas du tout, enfin pas trop... ou pas tout le temps. Assurément pas pour planter des clous dans le mur, porter les paquets lourds, déplacer les meubles ou pour la baise, car soit je m'en charge seule, soit je trouve quelqu'un. Ne faut-il pas savoir déléguer dans la vie ! Tout.

*

Bien sûr, il y a eu des moments où j'ai plongé dans une lourde déprime mais j'ai appris à renaître, à reconnaître qu'avant lui j'étais sans lui aussi et pas plus malheureuse.

Il suffit de regarder autour de soi et d'observer les autres pour comprendre que les faux consensus de nombreux couples ne sont pas ma tasse de thé. S'écraser, se taire, garder le sourire même si on a envie de hurler, adieu : je balaie ces compromissions de ma vie. Se reconnaître dans les couples qui entrent chez le fleuriste pour choisir un bouquet à apporter à un dîner chez des copains, avec Madame qui hésite entre le rose et le blanc et Monsieur qui fait semblant de s'y intéresser et n'en a rien à cirer, adieu aussi ! Accepter le consensus, fini pour moi. Tergiverser pour choisir un canapé, la destination des vacances, bye-bye aussi. Et même au lit, faire une pipe juste pour être polie et non parce qu'on en a vraiment envie, je n'en veux pas. Car si, franchement, rendre service ne m'a jamais dérangée et si, pour être honnête, la fellation constitue l'un de mes passe-temps favori, il y a eu des fois où j'aurais préféré ramasser le vomi de mon chien que m'astreindre contre mon gré.

Sans en arriver là, le fait de ne plus supporter de frôler le pied de votre partenaire sous les draps, n'est-ce pas déjà un signe ? Celui du : « Il faut partir. Casse-toi ! » Et ne plus aimer l'odeur de son eau de toilette représente le signal d'alarme par excellence.

*

Il y aura évidemment des moments où il vous manquera terriblement. En général, cela m'arrive encore les soirées où je n'ai pas de *date*. Un conseil alors, pour effacer son visage de vos pensées : imaginez les moments où il essayait de vous embrasser le matin avec une haleine à tomber à la renverse, où il avait un bout de persil coincé entre les dents lors d'un dîner aux chandelles, où un poil dépassait de sa narine, pire, sortait de son oreille. Imaginez les éclaboussures dans les chiottes parce que Monsieur s'obstinait à ne pas lever la lunette. Pensez à la belle-famille qui vous a seulement « tolérée » pendant des années, à tous ces dîners et ces anniversaires riches d'obligations qui vous ennuyaient. Songez à ses copains géniaux qui n'étaient pas si géniaux, que même lui ne supportait plus, mais qui étaient peut-être utiles pour lui servir d'alibi les jours où il était partout sauf au bureau ! Réagissez contre le ressac de la nostalgie en comprenant qu'il n'y avait pas que de bons moments dans votre couple. Trouvez-vous quelqu'un pour planter des clous dans le mur... et pour le reste aussi.

31

Je ne cesse pas de recevoir des cadeaux depuis notre séparation ! Moi qui croyais que j'allais traverser le Gobi après toi, même pas. Des fleurs sans arrêt, des chocolats du monde entier – les meilleurs, *of course* – et du thé, estampillé Harrod's de préférence. Au moins, grâce à mes soupirants et sans toi, je ne vais pas mourir de faim. Et ma nouvelle maison du bonheur est joliment fleurie chaque semaine.

*

Depuis l'annonce de notre séparation, mon répondeur déborde de messages de journalistes demandant des interviews mais aussi d'invitations à des soirées et dîners en ville. À croire que je suis populaire et désirée.

Des interviews, je n'en donne pas. Et il faut vraiment que le mec soit beau, gentil et bien gaulé pour me faire sortir de ma maison et de ma coquille.

Le plus drôle, c'est que, parmi tous ces gens « attentionnés », il y a quelques-uns de tes amis, ceux qui m'adressaient à peine la parole quand nous étions ensemble et sûrement les mêmes qui t'ont assuré que tu avais bien fait de divorcer. Comme quoi, on ne pourra pas leur reprocher une certaine sincérité, à ces vautours.

*

Il m'arrive d'accepter des invitations. Et ça me fait bizarre de me présenter à nouveau sous mon nom de jeune fille. Je trébuche quasiment dessus en le prononçant... comme mes convives, d'ailleurs.

Peut-être parce que j'imagine qu'on me regarde différemment, je rayonne, tant il n'y a rien de pire qu'une femme divorcée mais en plus amère et triste. Donc je rigole et étale ma bonne humeur à longueur de soirée, refuse de commettre la moindre allusion à mon nouveau statut, convaincue dorénavant que divorcer n'est pas si grave. En outre, faire la gueule avec une robe Lanvin, franchement, ça jure !

Je me considère comme quelqu'un d'heureuse. Je ne pleure donc qu'à la maison – et encore.

*

J'aime les regards complices des femmes durant les dîners en ville ; elles connaissent probablement les mêmes problèmes que moi, sans avoir cependant décidé de quitter le navire. Je découvre des visages aux regards admiratifs, parce que j'ai osé franchir le pas : m'assumer en Femme Avec des Seins. Bien sûr, il y a beaucoup d'hommes – et même des femmes – qui me draguent et demandent mon numéro de portable. En revanche, j'apprécie moins d'être devenue pour certains un *must-fuck*, une femme trophée lâchée dans la nature, une cible idéale à qui veut inscrire sur son CV : « J'ai couché avec l'ex de... » Quelle pitoyable victoire. Et moi qui pensais – naïvement – qu'on m'aimait pour moi.

Comme quoi, dans la médiocrité humaine, les mêmes travers perdurent. À ces instants-là remonte à ma mémoire le vague souvenir d'une jeune fille, reine de beauté, avec des tas de garçons et d'hommes qui lui tournent autour parce qu'ils l'ont vue en maillot mouillé sur un calendrier de magazine pour hommes. Déjà une *must-fuck* à 15 ans, quelle progression depuis !

32

Tout a changé : mon nom, mon adresse, mon quartier. Chaque étape de ma nouvelle vie confirme la rupture définitive. Laisser son quartier, abandonner ses commerçants, recommencer. Encore. Ailleurs. Un ailleurs inconnu, sans image ni odeur. Trouver une nouvelle maison, un nouveau chez-moi. Calculer le mètre cube des affaires disponibles pour savoir le nombre de mètres carrés obligatoires afin de tout caser. Ma vie traîne à nouveau dans des cartons. Le papier-bulle, ultime symbole récurrent de la rupture.

*

Une question me taraude : pourquoi tant de gens – uniquement des hommes – m'ont-ils demandé lors de notre séparation si je comptais retourner chez moi en Hollande ou demeurer à Paris ? Aurait-on voulu que je rase les murs ? Pourquoi ? Étais-je coupable de quoi que ce soit, fautive car étrangère ? Devais-je me comporter en femme honteuse ? L'ai-je sali publiquement ? Serais-je lapidée si je restais ?

Quelles conneries ! Ce n'est pas parce qu'on divorce que l'on devrait quitter son pays d'adoption comme un chien battu ! Je change juste de quartier, messieurs. Étant la plus parisienne des Hollandaises depuis longtemps, je me sens et suis ici chez moi. C'est ma base, la ville que j'aime et où je travaille, l'endroit où mes enfants vont à l'école.

*

Tous ces changements et bouleversements ont été durs pour eux aussi. Même s'ils ne sont pas ses enfants, mais ceux de mon union précédente, ils croyaient – espéraient – eux aussi que cette fois surgissait le bon. Or quelle complexité, les familles patchwork : au bout du compte, inconsciemment, les enfants de l'autre ne sont jamais les vôtres et les vôtres jamais les siens. Et même si l'amour et la volonté se lient pour réussir la greffe, apparaissent toujours des interférences complexes, celles des ex respectifs(ves) et celles d'une éducation différente.

Pas facile non plus d'annoncer à chacun de nos enfants la rupture, encore moins facile de continuer à vivre sous le même toit le temps de déménager. Eux aussi endurent une peine énorme en constatant et vivant au quotidien l'échec de mon mariage. Nous avons d'ailleurs pleuré, beaucoup, ensemble.

Quitter, encore une fois, LEUR chambre, ce qui fut pendant des années LEUR maison, mais aussi leur demi-frère, quelle douleur.

*

Encore les cartons, preuve matérielle et redondante d'une nouvelle séparation. Un déchirement, le signe visuel d'un foyer qui part en couilles. Moi qui souhaitais leur donner le bon exemple, je leur ai en vérité montré qu'il ne faut pas rester dans une relation lorsque celle-ci ne va pas. Qu'il faut oser rompre et recommencer. Qu'il ne sert à rien d'avoir peur du vide, que franchir le pas de l'inconnu, seul, est audacieux mais salutaire. Que le saut à la corde sans corde est un saut périlleux mais parfois préférable. Qu'il faut oser vivre sa vie, et non pas subir celle de quelqu'un, uniquement au nom de l'amour. Qu'entreprendre et vouloir le meilleur pour soi s'impose dans la mesure où on mérite d'exister et d'avoir sa place sur terre comme on est, avec ses qualités et ses défauts.

Que l'on peut rater son mariage, mais réussir sa vie. Et que je suis plus que jamais une célibattante.

QUAND LA VIE REDEVIENT BELLE

33

La vie est belle. Célibataire depuis un an maintenant, je ne me sens pas seule le moins du monde. Je vibre. Libre. Sentir à nouveau la vie à fleur de peau. Frissons. Pas besoin d'un homme à mon bras pour exister. Pas besoin de mari pour porter des paquets lourds ni pour faire l'amour. Franprix livre gratuitement, et si j'ai un petit creux côté sexe, je vais le chercher à l'extérieur. Et puis on ne manque pas de vibromasseurs maintenant !

*

Je suis un peu guérie de l'amour, et de l'obligation d'être à disposition 24 heures sur 24, 7 jours sur 7. Pour le sexe, mais aussi pour laver ses chaussettes et acheter ses slips. Femme au foyer, quel terme moyenâgeux. Juste l'appellation chic de la femme de ménage non salariée.

Mais c'est moi qui décide maintenant. Mon

époque féodale est terminée. Si j'ai envie de sortir, je sors ; seule, zéro problème puisqu'on arrive toujours à rencontrer des gens sympas... au moins pour un soir. Je ne suis plus enfermée dans l'étau de fonctionnement du couple, où on fait tout à deux et chier la moitié du temps.

*

Bien sûr, je traverse aussi des moments de solitude. Les visages fermés des autres quand ils me voient seule au restaurant, interloqués quand je prie seule à la messe de minuit, goguenards quand je danse seule en boîte de nuit ; la divorcée joyeuse, ça les perturbe. À croire que je suis atteinte d'une tare. Mais je m'habitue. Et j'assume. Et puis je suis une Femme avec des Couilles qui a rejeté l'idée de faire des sacrifices pour un autre au lieu de vivre sa vie. La Mère Teresa de l'abnégation coupable est morte. Comblée en étant seule ? Le comble. Celui d'avoir trouvé le grand amour : l'amour de soi. Rose est en pleine fleur.

34

Faut-il pleurer pour un homme ? Non, ils n'en valent pas la peine. Vouloir se donner la mort ? Encore moins. Or, ce matin, j'ai trouvé ma meilleure amie sur le point d'avaler dix boîtes d'Advil. En larmes, désespérée, elle voulait se foutre en l'air pour une peine de cœur. Quelle bizarrerie ? Je l'ai cajolée, calmée, raisonnée, apaisée. *Been there, done that.* Inutile d'envisager le pire quand l'avenir réservera à coup sûr de meilleurs moments. Comme aujourd'hui je suis bien dans mes escarpins et que, moi, je ne ferais plus de TS, je peux lui prodiguer ces conseils prudents. *Queen of Cool here*, si on se fout en l'air c'est en robe Valentino et en flottant dans sa piscine avec, à la main, une bouteille de Dom Pérignon 1996, et derrière les molaires quelques Halcion de trop. Morte, d'accord, mais *totally fashion* et *very chic*.

*

Pour l'instant, je suis – heureusement – trop amoureuse de la vie – et de moi – pour oser ce genre de chose. J'ai le temps avant de faire mes adieux en beauté. D'autant que ça ne le ferait pas trop, dans la piscine municipale, avec canette de Pepsi max en prime ! Moi, future suicidaire ? Je suis trop joyeuse pour devenir l'assassin de ma propre vie.

Il est vrai que j'ai failli un jour de grosse déprime franchir le pas. Mais la victime ne voulait pas mourir et l'assassin refusait de donner la mort. Au moment suprême, je me suis ainsi souvenue qu'il ne fallait surtout pas oublier de sortir les sacs-poubelles ! Cette pensée saugrenue m'avait remis les idées en place et montré à quel point mon acte était ridicule. Je n'ai pas recommencé depuis. Parce que les hommes se suivent... et ne se ressemblent pas.

*

Lisa, elle, n'avait pas encore atteint ce fond qui pousse à donner un coup de pied salvateur ou à sombrer définitivement. C'est pour cette raison qu'elle avait choisi de gérer sa mort d'abord, dans un moment de désespoir, de s'achever avant que l'échec de son union l'achève. Je ne vois aucune lâcheté dans cet acte ; au contraire, je sais qu'il faut énormément de courage pour décider, et accomplir, un tel geste, pour agir au lieu de réagir. Mais, encore une fois, se tuer à cause d'un autre me paraît ridicule et injuste... envers soi. En plus, on ne verra pas la tête du conjoint au Père-Lachaise, ni celle de la copine dont on se méfie depuis toujours. Mieux vaut donc rester en vie... Même si c'est juste pour les faire chier un peu !

*

Option salutaire possible : faire un tour chez Chanel, selon le principe que rien ne vaut un sac matelassé pour remonter le moral et nous accompagner dans une nouvelle vie. Afin aussi de le poser de façon ostensible sur le bureau de l'avocat lors des dernières négociations, histoire de soutenir le niveau de vos exigences !

En cas d'échec amoureux, il n'existe que deux solutions : *kill yourself, or get over it.* J'ai choisi la seconde.

Et Lisa ? Elle a opté pour un *Lady Di*, de chez Dior. Excellent choix.

35

Ta peine m'a fait de la peine, hier. Une douleur physique, déchirante même, de te voir malheureux et en larmes. Un moment très dur pour moi.

Pourtant, comme voilà un petit moment que nous sommes divorcés maintenant, je pensais qu'avec le temps la souffrance allait s'estomper. Que le quotidien et la vie de célibataire allaient gommer les blessures. Dès lors, il est doublement pénible de te voir malheureux : ne me disais-tu pas souvent que c'était moi qui ne te rendais pas heureux et, pire, que je t'empêchais de vivre la vie que tu désirais ? Or tu l'as, maintenant, cette existence, et tu es toujours triste ! Comme quoi, je n'étais pas la seule raison de ton mal-être, contrairement à ce que tu pensais. Mais qui suis-je, moi, pauvre petite fille, pour oser te lancer cette vérité ?

*

Mes parents ne m'ont pas mise au monde pour combler les vides qui t'habitent depuis toujours. J'ai eu beau tenter de te l'expliquer à différentes reprises – et sans succès –, regarde où nous en sommes aujourd'hui. Je ne suis pas du genre à me considérer malheureuse, la vie ne m'a pas fait que de cadeaux et notre vie de couple n'a pas toujours été rose, mais de là à prétendre que j'étais malheureuse uniquement à cause de toi, non je ne m'y résoudrai jamais. On fait toujours des choix ; et c'est toi que j'ai choisi voilà quelques années, donc j'assume. Et, d'ailleurs, j'ai aussi « choisi » de te laisser partir. À partir du moment où tu entends maintes et maintes fois que tu pourris la vie de l'homme qui partage la tienne, quand tu l'aimes, tu dois le laisser s'en aller. Parce que je te voulais – et je te veux toujours – uniquement du bien. Mieux, le meilleur. Ta liberté en est la preuve.

*

Si ma vie avec toi n'était pas un mensonge, la vie sans toi me semble plus vraie maintenant. La faute à pas de chance. Deux adultes qui s'aiment à contre-pied avec un beau merdier comme apothéose, le cœur fendu en deux.

36

Il règne une espèce de folie dans ma nouvelle existence. Les fleurs ne cessent d'affluer et de pourrir devant ma porte, le chocolat de donner du diabète à ma boîte aux lettres et les cartes de visite à s'accumuler sous l'essuie-glace de ma voiture. *Rocking Rosy*. La vie désormais me sourit... les hommes aussi.

Même mon dentiste a essayé d'enfoncer sa langue dans ma bouche alors que j'étais allongée dans son fauteuil ! J'ai changé de dentiste. Et le masseur insiste un peu trop sur des zones du corps où il ne faudrait pas. *It's a free world* ! J'ai gardé le masseur.

*

En revanche, faire la fête non-stop n'est pas évident. Pire, ça commence à se voir dans le miroir quand je me lève. Si je me lève. Une odeur de cigarette en permanence dans les cheveux, une morsure de je-ne-sais-qui dans le biceps gauche, des escarpins qui commencent à être sacrément niqués à force de danser sur les banquettes du *Queen*, *Miss Happy* n'a pas toujours bonne mine. Mais elle renaît.

Mes copines hollandaises ayant ainsi décidé de me changer les idées pour oublier le divorce, convaincues que mes cernes tiennent à des nuits de pleurs sans sommeil – ce qui était vrai pour le sommeil mais faux pour les pleurs... – elles m'ont demandé de venir à Amsterdam. Pour nous offrir une nuit entre filles...

« *Bitches only* » lit-on au-dessus de la porte de la discothèque *Escape*. Flattée d'entrée – « Comment ont-ils su que j'étais de passage ? » –, je me réjouis à l'avance d'une super-soirée de drague. Étant batave, j'adore chasser, alors vive les beaux nordiques !

J'aurais dû me méfier en découvrant la quantité de filles une fois arrivée sur la piste de danse. Car le mix de très jolies bombasses et de femmes lookées en garçon ne m'intrigue pas. Après tout, le thème « *Bitches Only* » avait peut-être étrangement inspiré certains. Et puis après deux gin tonic, je m'interroge. Venue avec une mission précise – ne laisser aucun « hunk », quel que soit son âge, m'échapper –, je m'étonne un brin de toutes ces filles, à perte de vue ! Que des filles.

Au bout de quelques heures, quasiment désespérée, un miracle surgit : enfin un beau mec. Un musclé, genre chauffeur de camion, se dirige même vers moi. Et là, surprise : il me demande si je veux danser... avec une voix de femme.

J'adore les femmes et les hommes et n'ai aucun besoin de me définir selon ma sexualité. L'amour, à mes yeux, est beau sous toutes ses formes. Mais là, je n'avais rien vu venir. D'un coup, mon moral tombe dans mes Jimmy Choo. Une soirée spéciale lesbiennes ! Et je suis venue à Amsterdam pour ça !

Lassée, j'ai expliqué aux copines – déchaînées – que j'avais un rendez-vous et suis partie prendre un bain de mecs au club *Jimmy*, histoire de sauver ma réputation en train de naître. Le lendemain, je suis vite revenue à Paris, avec plus de cernes encore et une nouvelle morsure dans le biceps droit. Afin de retrouver les fleurs, les chocolats, les cartes de visite... et le masseur, *of course*.

37

Serais-je revenue à l'âge de la puberté ? Pourquoi d'ailleurs faut-il que je fasse tout à l'envers ?

Car ça y est, je suis à nouveau amoureuse. Ou, dois-je dire, « encore » ? À quarante-deux ans, *I'm head over heels*, totalement *in love.* Avec le sang qui bout, le feu au cul et mon cœur qui bat à 300 km/h même dans les virages. *Fast-forward girl.*

Tout va très vite pour moi en ce moment, aussi bien aimer que désaimer. Je papillonne au-dessus de la vie, entourée d'un éternel printemps. Avec la sensation d'avoir l'embarras du choix. Mais aussi d'avoir trouvé l'élu de mon cœur, après avoir déblayé pas mal de postulants.

Il est un peu jeune, d'accord, Mais je constate sans déplaisir que si mon âge augmente avec le temps, celui de mes partenaires au lit diminue. Si ça continue, je serais obligée de leur demander leurs pièces d'identité avant qu'ils montent dans ma chambre.

Heureusement, Action Man a franchi la trentaine et je ne serai pas poursuivie pour pédophilie. J'ai même pu dénicher un cheveu blanc sur son poitrail cette nuit !

*

Elle est géniale, la vie de célibataire. Et je la vis pleinement. Pas un samedi soir ne se passe à me morfondre. Comme pendant des années je me suis couchée beaucoup trop tôt, mes nuits sans sommeil se multiplient. Il n'existe pas un club que je ne connaisse pas, pas une soirée où je ne sois pas invitée, pas un beau mec à Paris qui ne m'appelle par mon prénom. Boulimique de la vie, persuadée qu'après avoir raté mon mariage, il faut rattraper le temps perdu. Je suis en extase dans le carré VIP du *Queen*, avec juste un Perrier sans citron ni rocks. Tandis que les marques de mes Louboutin s'imprègnent sur les banquettes en faux cuir, il m'arrive de mettre ma langue dans la bouche de quelqu'un d'autre, histoire de jouer mon rôle de *sexy single* à fond. Et puis, c'est difficile de refuser une jolie paire de lèvres...

*

Deux phrases sont pourtant taboues : « Je t'aime », et puis « Je suis très-très-très amoureuse de toi. » Pas question d'entamer une relation durable, encore moins de perdre ma liberté si chèrement et récemment découverte. En revanche, dans mon super king size, il y a un homme qui commence à s'impatienter. Quand j'arrive :

Action !

38

Je ne suis plus ce qu'on appelle un perdreau de l'année. Et il n'est pas très « sexe » de se retrouver divorcée pour la seconde fois à mon âge. On dirait le remake d'un mauvais film type, *La Divorcée, The Return*. Heureusement, je ne suis pas encore complètement flétrie. Le chagrin conserve, j'en suis la preuve vivante avec mes fesses toujours fermes et pas de double menton ; c'est juste mon cœur qui a pris un coup de vieux. Je commence même à avoir un CV d'enfer, dans le registre meilleure *exologue*, à part Ivana Trump, *of course*, il n'y a pas mieux. Je me dis qu'au moins je sais comment rater un mariage et comment agir pour réussir une séparation. *Super-Rosy, it's me*. Et comme j'aime voir les choses de manière positive, que je sais que chaque désavantage a des avantages, je goûte le plaisir de ne plus connaître de problèmes de couple, les ayant remplacés par d'autres emmerdes. Vivre la vie de *happily divorced*.

*

Et lui, comment va-t-il ? Je l'ignore. Mon ex va sûrement trouver un sosie de moi en version plus jeune. Il a raison d'ailleurs. Et comme j'étais, de mon côté, spécialisée dans le vintage, j'ai décidé de passer à autre chose. Une chance, je suis assez populaire parmi les ménagères – et ménagers – de moins de 50 ans. Alors, le complexe de Papa, bye-bye. Si l'homme mûr est agréable parce qu'il offre a priori une certaine stabilité, qualité rare chez les jeunes, trop souvent indécis, manquant de maturité et n'envoyant pas de fleurs, j'ai trop morflé de constater que le pseudo « à long terme » relevait de la promesse mensongère. Alors, je reprends goût aux abdos de rêve, et à l'énergie à toute épreuve. Comme dit ma meilleure amie : « Les petits jeunes ne savent pas ce qu'ils font, mais ils le font toute la nuit. » Revers de la performance, se retrouver au lit avec un type qui fait l'amour comme si une caméra filmait la scène me semble un peu chiant. Le sexe façon « moteur, on tourne » manque de cœur et de passion. Si j'aime le sexe avec verve, me retrouver dans un film de cul en *live* me lasse. Les mecs qui se regardent baiser ressemblent aux hommes qui s'écoutent parler : ils nous ennuient.

*

De toute façon, j'ai le choix ; de beaux garçons, il y en a plein couchés devant ma porte et je dois les pousser un peu quand je veux vider ma boîte aux lettres. J'ai le temps pour tomber amoureuse à nouveau. Je ne suis pas pressée, étant terriblement... amoureuse de moi. J'avais oublié à quel point c'est bon ! Une chose est sûre : la plus belle histoire d'amour de ma vie vient de commencer...

TABLE DES MATIÈRES

CET OUVRAGE
A ÉTÉ ACHEVÉ D'IMPRIMER
SUR ROTO-PAGE
PAR L'IMPRIMERIE FLOCH
À MAYENNE EN AVRIL 2009

N° d'édition : L.01ELKN000227.N001. N° d'impression : 73671.
Dépôt légal : mai 2009.
Imprimé en France